Les actions, c'est amusant !

Devenir libre financièrement avec les revenus de dividendes

Heikin Ashi Trader

DAO PRESS

Ormidia, Larnaca

An imprint of Splendid Island

Les gens apprennent à travailler pour de l'argent, mais ils n'apprennent jamais à faire travailler l'argent pour eux.

Robert Kiyosaki

PARTIE 1 : SI CE N'EST PAS AMUSANT, VOUS NE TIENDREZ PAS

1. Pourquoi les actions sont-elles amusantes ?

Les actions sont amusantes, ne serait-ce que parce qu'elles offrent des possibilités infinies de faire de l'argent. La plupart des investisseurs achètent des actions dans l'espoir que leur valeur augmentera. Bien sûr, il est amusant de regarder comment une action, une fois que vous l'avez achetée, augmente en valeur au fil du temps. Cependant, de cette façon, vous transformez les actions en objets de spéculation.

Bien qu'il n'y ait vraiment rien de mal à cela, ce n'est pas la raison première pour laquelle les gens ont acheté des actions au cours de l'histoire. Les générations précédentes ont investi dans des actions parce qu'elles voulaient gagner un revenu régulier en les possédant.

Les sociétés ont récompensé ces investisseurs pour leur fidélité à leurs actions. Cette récompense pour la détention d'actions est finalement devenue un dividende. Le mot vient du latin «dividere», qui signifie «distribuer», ce qui signifie qu'une partie du profit est partagée sous forme de dividendes.

De nombreuses entreprises américaines, britanniques et canadiennes versent des dividendes quatre fois par année. Mais saviez-vous que certaines entreprises versent même des dividendes chaque mois ? J'ai plusieurs actions de ce genre dans mon portefeuille. Tout ce que je peux dire, c'est que c'est vraiment amusant. L'entreprise me verse un dividende mensuel parce que je possède certaines de ses actions. N'est-ce pas incroyable ?

Lorsque j'ai commencé à négocier des actions il y a vingt ans, je ne m'intéressais qu'à l'appréciation des prix des actions. Je voulais «gagner» sur les actions en les achetant à un certain prix dans l'espoir de les revendre à un prix plus élevé – pour des raisons purement spéculatives.

 J'ai même fait des transactions quotidiennes avec des actions. J'ai acheté des actions et je les ai vendues le même jour. Avec un profit. Et parfois, à perte. Je n'ai pas honte de dire que j'ai vendu à perte plus souvent qu'à profit.

À cette époque, je ne me rendais même pas compte qu'il y avait une autre façon beaucoup plus détendue de faire de l'argent avec des actions. Et c'est exactement ce dont parle ce livre. Vous apprendrez, étape par étape, comment trouver exactement ces actions. Il vous donnera une méthode bien pensée qui, avec le temps, vous fournira un revenu régulier. Cela se passe d'une manière détendue, sans que vous ayez à regarder les hauts et les bas quotidiens des cours des actions.

Au contraire, vous verrez que c'est beaucoup mieux (et beaucoup plus amusant) si vous ne regardez pas le prix de vos actions tous les jours. Avec notre méthode, le prix actuel est à peu près la chose la moins intéressante qui soit. Il est beaucoup plus intéressant et passionnant quand vous pouvez voir ce que les dividendes de vos actions paient chaque mois.

Nous voulons rester calmes et concentrer notre attention sur le revenu que nos actions génèrent pour nous, parce que ce revenu (les dividendes) est l'outil le plus rapide et le plus efficace avec lequel vous pouvez un jour remplacer le revenu que vous obtenez de votre travail régulier.

Oui, vous avez bien entendu. L'objectif ultime d'un investisseur en revenu est, un jour, que son revenu de dividendes dépasse la somme de ses dépenses mensuelles. Cette journée est ce que certains appellent leur « Journée d'affranchissement du travail » – le jour où votre revenu de dividendes a tellement augmenté que vous n'avez plus besoin de travailler. Si vous regardez toute la question de l'argent comme un seul jeu, vous pourriez dire que c'était le jour où vous avez gagné le jeu. Vous êtes le gagnant ! C'est le jour où vous pouvez soit quitter votre emploi, soit ne pas le faire. Quoi qu'il en soit, c'est très différent de n'avoir pas à travailler pour gagner sa vie. Je peux vous assurer que c'est très amusant lorsque la somme de vos dividendes vous permet de prendre cette décision.

Contrairement au spéculateur, qui dépend de l'évolution des prix de ses actions, un investisseur de revenu peut se reposer et se détendre, dans une large mesure, qu'il s'occupe activement de ses actions ou non. Il peut voyager durant des mois, ou tout simplement disparaître. Et les dividendes continuent joyeusement de couler. Ils arrivent peu importe que l'investisseur s'occupe activement d'eux, ou qu'il ne regarde pas son portefeuille d'actions pendant des mois, voire des années. Même après votre décès, les dividendes continueront d'être versés. Je connais un tel portefeuille d'actions. Il a été créé par un couple marié il y a de nombreuses années. Après la mort du couple, leurs enfants ne savaient plus quoi en faire ! Il y avait beaucoup de dividendes à cinq chiffres, et le portefeuille avait continué de croître, année après année.

Avec des dividendes, vous pouvez accumuler des actifs. Vous pouvez commencer petit (et récemment, même très petit grâce à la disparition des frais !). Vous pouvez commencer avec 10 €. Cela n'a pas d'importance. Les actions de dividendes n'ont guère besoin de soins ou de travail. L'argent continue d'affluer, que vous vous en occupiez ou non. Même lorsque vous mourez, l'argent continue d'arriver. Si ce n'est pas amusant, je ne sais pas ce que c'est.

2. Pourquoi devriez-vous devenir un investisseur en revenu ?

Quand il s'agit d'argent, la plupart des gens cherchent la sécurité. Ils veulent le sentiment rassurant d'avoir un revenu régulier. Dans la plupart des cas, cela signifie qu'ils acceptent un emploi permanent pour atteindre cet objectif. Ce travail garantit qu'ils ne seront jamais «sans argent» pendant un mois. Cependant, ils paient cher pour ce sentiment de sécurité. D'une part, bien sûr, ils doivent être présents tous les jours. Leur patron leur demande de faire leur travail jour après jour, année après année, qu'ils le veuillent ou non. Si vous aimez votre travail, ce n'est pas un problème au début. Quand on est jeune et en bonne santé, on est enthousiaste et on veut faire partie de la société. On veut s'intégrer. Peut-être avez-vous des collègues agréables qui pensent la plupart du temps de la même façon que vous.

Les problèmes commencent quand vous vieillissez, ou quand votre enthousiasme pour le travail que vous avez aimé diminue. Soudain, vous vous rendez compte que vous êtes piégé. Vous vous êtes installé confortablement dans une roue de hamster, mais vous êtes obligé de continuer à courir, de sorte que la roue continue de tourner.

La roue du hamster est la façon dont vous avez jadis choisi d'échanger vos heures de vie contre de l'argent. Autrement dit, la plupart des gens travaillent pour de l'argent. Cependant, ils n'ont jamais sérieusement pensé à ce qu'ils pourraient faire avec l'argent qu'ils gagnent (autre que de le dépenser). Contrairement à ce groupe (que les sociologues appellent «le petit gars» ou «la classe moyenne»), les riches font exactement le contraire. Les riches ne travaillent pas pour de l'argent. Leur argent travaille pour eux. C'est pourquoi ils sont riches et le demeurent.

On pourrait penser que c'est complètement injuste. Mais ce n'est pas simplement injuste – c'est bien pire. Ceux qui travaillent pour leur argent paient aussi les impôts les plus élevés. C'est la même chose dans tous les pays développés. Ceux qui triment et travaillent chaque jour paient la part du lion des impôts.

D'un autre côté, c'est un fait que les gens riches paient le moins d'impôts. Premièrement, ils ne travaillent pas pour leur argent et, deuxièmement, ils tirent leur revenu de sources qui exigent des impôts peu élevés, voire aucun impôt du tout.

N'est-ce pas incroyablement injuste ?

Ce n'est pas le cas. Cela représente le prix élevé que les « employés » paient pour le peu de sécurité que leur emploi leur procure. Les employés sont les plus imposés et, souvent, ils vivent d'un jour de paie à l'autre. Ils n'ont d'autre choix que de travailler, de gagner de l'argent, de travailler, de gagner de l'argent à l'infini, jusqu'à leur retraite, ce à quoi ils aspirent vraiment.

L'argent domine leur vie. Ils sont esclaves de l'argent, bien que la plupart d'entre eux ne le verraient jamais de cette façon. Cependant, c'est ainsi. Le problème de l'argent a une telle emprise sur ces gens qu'ils y pensent constamment. Au lieu de travailler pour de l'argent, les riches achètent des actifs (ou ils les créent, par exemple en démarrant une entreprise). Ils achètent ou construisent des actifs qui mettent régulièrement de l'argent dans leurs poches. De plus, plus ils ont d'argent dans leurs poches, plus ils achètent d'actifs. Quand une personne riche achète une maison, ce n'est généralement pas pour y vivre (ça, c'est le rêve de la classe moyenne). Ils achètent une maison afin de générer un revenu de la location à quelqu'un d'autre. Je connais un homme à Berlin qui possède plus de soixante-dix appartements. Il peut vivre comme un prince sur le revenu locatif. Cependant, il vit lui-même dans un appartement loué. Pensez-y. Cet homme a compris le jeu.

Il en va de même pour les sociétés qui sont fondées par des gens riches, ainsi que pour les actions qu'ils achètent. La différence entre les riches et les pauvres s'applique également aux actions. Le petit gars (disons, la classe moyenne) achète des actions dans l'espoir qu'elles vont augmenter. Ils parient sur l'appréciation des prix. Les gens riches, par contre, achètent des actions, dont les dividendes leur procureront un revenu stable.

C'est l'objet de ce livre. Je veux parler des actions dont vous pouvez tirer un revenu. Je veux parler des actions que les riches achètent, et non de celles que la classe moyenne achète.

3. Pourquoi le revenu de dividendes offre-t-il plus de sécurité que votre emploi ?

Aujourd'hui, j'irais jusqu'à dire que le revenu des actions est beaucoup plus sûr que le revenu d'un emploi. Votre emploi peut être sûr pour l'instant, mais il y a suffisamment de raisons de remettre en question la sécurité d'une relation d'emploi. Si vous êtes dans le secteur privé, votre entreprise pourrait faire faillite. Un concurrent pourrait l'acheter, et votre emploi pourrait devenir redondant au cours de la restructuration.

Si vous travaillez pour l'État, votre emploi est essentiellement plus sûr. Si vous êtes un enseignant ou un fonctionnaire, ou si vous avez un autre emploi qui est garanti par l'État, vous pourriez vous sentir en sécurité.

Cependant, vous ne devez pas oublier que le plus grand risque n'est pas l'état, mais *vous*. Tant que vous êtes en bonne santé et que vous pouvez faire votre travail, il n'y a pas de problème. Mais, si vous tombez malade ou que vous tombez dans le burnout (je connais quelques personnes qui ont ce problème), les choses peuvent soudainement sembler très différentes. En d'autres termes, peu importe ce que vous faites, peu importe l'excellence de votre travail, *vous* êtes le plus grand risque en termes de revenu. Vous mettez tous vos œufs dans le même panier avec cette stratégie : votre travail. Permettez-moi de dire que d'un point de vue financier, c'est une stratégie risquée. Il y a beaucoup de choses qui pourraient mal tourner dans cette situation.

Il me semble beaucoup plus sûr, non pas d'obtenir votre revenu d'une seule source, mais de dizaines de sources. C'est l'objectif de l'investisseur en revenu. Certains investisseurs en dividendes ont 50 ou même une centaine d'actions différentes qui mettent de l'argent dans leurs poches chaque mois. Ces gens reçoivent des revenus d'une centaine de sources différentes. Si l'une d'entre elles tombe, l'investisseur le sent à peine (moins 1%). Mais si vous perdez le revenu de votre emploi, vous allez le sentir très douloureusement (moins 100%).

4. Ce dont vous avez le plus besoin lorsque vous vieillissez : un revenu régulier !

Comme j'approche moi-même de l'âge de la retraite, je connais naturellement beaucoup de gens qui sont dans cette phase de leur vie, ou qui ont déjà pris leur retraite. Ce qui me frappe particulièrement dans ce dernier groupe, c'est que beaucoup d'entre eux doivent faire des compressions considérables dès leur retraite. La plupart dépendent de la sécurité sociale. Bien que cela soit considéré comme un revenu garanti, dans bien des cas, ce n'est pas suffisant.

Le fait est que le coût de la vie ne diminue pas avec l'âge. Au contraire, il augmente souvent. Par exemple, beaucoup de gens veulent voyager ou dépenser de l'argent pour leurs passe-temps.

Tant que vous êtes encore un employé, vous pouvez être en mesure de couvrir les coûts mensuels, mais une fois que vous avez pris votre retraite, vos possibilités de gagner de l'argent supplémentaire sont limitées. En plus de cela, pourquoi avoir travaillé toute votre vie ? Certainement pas pour redevenir employé quand vous êtes vieux !

La question devient donc plus urgente que jamais : le revenu de votre sécurité sociale sera-t-il suffisant pour vous permettre de vivre le style de vie que vous avez en tête ?

Quand je soulève la question, on me répond souvent : « Ma sécurité sociale est suffisante. Ce n'est pas très généreux, mais je m'en sors. » Le problème est que beaucoup de gens ont le montant nominal qu'ils recevront un jour à l'esprit. C'est le chiffre que la sécurité sociale calcule pour vous, en fonction de vos années d'emploi. Quel que soit le montant, il ne suivra malheureusement jamais l'inflation (c.-à-d. la perte de pouvoir d'achat).

Si vous prenez votre retraite et obtenez 1500 € par mois dans votre première année, après 20 ans, ces 1500 € seront beaucoup moins en termes de pouvoir d'achat. Bien sûr, il y aura des ajustements, mais ils ne seront pas suffisants pour compenser la perte réelle de pouvoir d'achat.

Si vous examinez ces chiffres et que vous savez que la plupart des employés qui dépendent des prestations sociales n'ont aucune protection supplémentaire, vous savez déjà que nos pays occidentaux deviennent de plus en plus pauvres. Ceux qui ont néanmoins épargné un peu plus au fil des ans l'ont généralement investi dans des rentes, dont les rendements pourraient également être incapables de battre l'inflation.

D'autre part, des études ont montré clairement, encore et encore, que les actions peuvent maintenir le meilleur pouvoir d'achat, parce qu'elles offrent les rendements les plus élevés en fin de compte. Elles augmentent même le pouvoir d'achat, ce qui n'est certainement pas le cas en termes d'assurances ou d'obligations.

Bien sûr, en tant que travailleur à la retraite, vous pourriez obtenir un emploi de concierge. Mais, à mon avis, il serait préférable que vous ayez une deuxième source de revenu en plus de votre pension.

Par source de revenu, je ne veux pas dire un emploi. Je veux dire des actifs réels qui mettent de l'argent dans vos poches chaque mois, et cela va même augmenter considérablement d'une année à l'autre. Nous appelons cela un revenu passif (un revenu pour lequel vous n'avez pas à travailler).

Un portefeuille d'actions avec des actions à dividendes alimente le mieux une telle source de revenus. Parce que même si vous ne participez plus à la vie active, vous restez indirectement un participant. En tant qu'actionnaire d'une entreprise, vous partagez ses bénéfices. Vous recevez des paiements réguliers sous forme de dividendes, de sorte que même en tant que retraité, vous êtes toujours impliqué dans la vie économique.

5. Pourquoi devez-vous comprendre le terme « cash-flow » si vous voulez devenir financièrement indépendant ?

Le terme « cash-flow » indique à quel point une entreprise est en bonne santé sur le plan financier. Le terme « cash-flow » désigne simplement la liquidité qui reste après avoir déduit les dépenses du revenu d'une entreprise. S'il y a plus de revenus que de dépenses, nous appelons cela un cash-flow positif. S'il y a plus de dépenses que de revenus, il y a un cash-flow négatif.

Les riches achètent des actions pour assurer un cash-flow régulier, de préférence qui ne se tarira pas. Pour la vie. Dans ce livre, je vais vous montrer quelles actions ils choisissent d'acheter.

Les riches, bien sûr, se concentrent sur un cash-flow positif. Ils veulent générer un cash-flow qui dépasse de loin leurs dépenses. Par conséquent, si vous voulez être financièrement indépendant vous-même un jour, il est important que vous compreniez le terme « cash-flow », parce que cela changera fondamentalement votre façon de gérer l'argent, comme cela a été le cas pour moi lorsque j'ai cessé de travailler pour de l'argent.

Je suis allé voir mon patron à l'époque et j'ai déposé ma lettre de démission devant lui. Il l'a lu et m'a regardé avec un mélange d'étonnement et d'incrédulité. Il ne pouvait pas croire que j'abandonnais un si bon emploi. Pour moi, d'un autre côté, c'était comme une libération. Je détestais aller travailler tous les jours, même si c'était un excellent travail avec beaucoup de liberté. Je ne me sentais pas libre. Vous n'êtes libre que lorsque vous n'avez plus de maître. Dans ce cas, mon maître n'était pas tant mon patron, mais la contrainte d'aller tous les jours travailler, que je le veuille ou non.

Maintenant, il n'est pas du tout nécessaire que vous quittiez votre emploi demain, comme je l'ai fait. Au contraire. Il pourrait même être avantageux pour vous de garder votre emploi pour l'instant. Votre emploi vous donne le revenu stable dont vous avez toujours besoin.

L'idée de ce livre est de vous montrer comment vous pouvez remplacer progressivement le revenu que vous obtenez du travail avec le revenu que vous obtenez de vos actifs. Dès qu'ils commencent à dépasser votre revenu d'emploi, vous êtes financièrement libre.

Ce livre ne traite pas que des actions, il traite principalement de la liberté financière que le cash-flow de vos actions vous donnera un jour. Je dois beaucoup au livre « Père riche, père pauvre « de Robert Kiyosaki, que j'ai cité au début du livre. Ce livre m'a ouvert les yeux. Cela m'a appris à penser à l'argent comme les riches de ce monde voient l'argent. Kiyosaki illustre cela avec les investissements immobiliers, mais le principe est le même pour un investisseur en actions, donc je recommande ce livre.

J'aimerais élaborer un plan étape par étape sur la façon de devenir financièrement indépendant grâce aux actions de dividendes. C'est pourquoi ce livre ne vise pas à spéculer sur la bourse. Quiconque s'y intéresse peut lire mes autres livres. Ce livre est sur la façon dont vous pouvez utiliser le marché boursier de telle manière que vous pouvez gagner un revenu de celui-ci, tout comme vous gagnez un revenu de votre emploi. La différence subtile est que vous n'avez pas à travailler pour ce deuxième revenu.

Par conséquent, je préfère parler d'investissement axé sur le revenu, parce que c'est exactement ce que c'est.

Comme vous le savez peut-être, il y a d'autres moyens d'y parvenir. Vous pourriez acheter des biens immobiliers et les louer, comme le recommande Kiyosaki. Vous pourriez également démarrer une entreprise. Ces trois moyens, soit l'investissement axé sur le revenu avec des actions, la propriété de biens immobiliers ou le démarrage d'une entreprise, sont les trois plus efficaces pour devenir financièrement indépendant. Si vous regardez la liste Forbes des personnes les plus riches de la planète, vous découvrirez qu'ils ont tous choisi l'une de ces trois façons. La façon que vous choisirez dépend de vous, de vos qualifications et de vos préférences.

Personnellement, je ne suis pas un fan de l'immobilier. Cependant, je connais des gens comme mon ami de Berlin, avec ses soixante-dix appartements, qui ont beaucoup de succès.

Je ne prétendrai jamais que l'une ou l'autre de ces méthodes est meilleure ou pire. Toutes les trois ont leurs avantages et leurs inconvénients, ainsi que leurs exigences particulières.

Il est bien connu qu'il faut du capital pour acheter une propriété – beaucoup de capital. Bien sûr, il y a plusieurs façons de l'obtenir, mais ce serait le sujet d'un autre livre.

Démarrer une entreprise est plus facile à dire qu'à faire. Vous pourriez réussir avec une telle entreprise, mais il n'y a aucune garantie. Cependant, il est fort probable que vous échouerez avec votre première entreprise, comme cela s'est produit dans mon cas.

Acheter des actions de dividendes afin d'en tirer un revenu est une voie viable que beaucoup ont utilisée avant vous. À mes yeux, c'est le moyen le plus facile. Avec un peu de préparation et un peu de connaissances, cela vous mènera presque certainement à votre objectif.

La discipline et la persévérance nécessaires pour fonder une entreprise prospère sont semblables à celles requises si vous voulez devenir financièrement indépendant avec des actions de dividendes. Par conséquent, il ne faut jamais sous-estimer ce qu'il faut faire. La principale difficulté n'est pas que vous ne comprenez pas le principe de l'investissement en dividendes. Le défi consiste à appliquer cette stratégie de façon disciplinée, mois après mois et année après année.

La différence entre l'investissement axé sur le revenu et la fondation d'une entreprise, c'est qu'on peut échouer avec une entreprise. Avec les actions de dividendes, il est presque impossible d'échouer si vous suivez quelques principes. C'est pourquoi je crois que, pour la plupart des gens, l'investissement axé sur le revenu avec des dividendes est la voie à suivre.

Avec les actions, il est possible de voir le premier cash-flow dans votre compte après seulement quelques mois. Je peux vous dire, d'après ma propre expérience, que c'est très amusant. Il est amusant juste de regarder comment vous êtes payé, mois après mois, simplement pour posséder des actions d'une entreprise particulière. En outre, il est amusant de regarder comment ce flux d'argent commence progressivement à croître, et ne s'assèche plus jamais. Je décrirai comment le faire dans les prochains chapitres.

6. Pourquoi votre conseiller bancaire ne recommande-t-il pas que vous deveniez un investisseur en revenu ?

Pourquoi n'avez-vous à peu près rien entendu jusqu'à maintenant au sujet de l' investissement axé sur le revenu ? La raison en est très simple : ni les banques, ni les courtiers, ni aucun autre «conseiller» ne font d'argent sur ces investisseurs.

Un investisseur axé sur le revenu achète des actions dans le but de les garder «pour toujours». Bien sûr, il y a quelques exceptions (nous allons les examiner dans un autre chapitre). Habituellement, vous achetez vos actions une fois, et c'est tout. Autrement dit, il n'y a plus de commissions ni de frais annuels, ni quoi que ce soit d'autre que l'industrie boursière pourrait imaginer. Tout l'argent qui est distribué vous revient. Les « conseillers » n'ont rien. Pourquoi l'industrie boursière ferait-elle la promotion de ce genre d'investissement ?

Vous pouvez être sûr que, si vous parlez à votre conseiller bancaire de votre nouvelle idée, il vous indiquera les «risques». Il fera de son mieux pour faire sortir l'idée de votre esprit. Alors soyez prêts ! Si non, tant mieux. Mais gardez à l'esprit que l'industrie boursière (qui gagne beaucoup des frais) ne fournira aucune information à cet égard. Peu de brochures sur le thème de l' investissement axé sur le revenu sont destinées à vous donner un sentiment de solidité ou de sécurité. Vous ne verrez pas beaucoup d'émissions de télévision ou d'entrevues avec des experts sur la question.

En d'autres termes, vous êtes seul avec votre idée.

Eh bien, pas tout à fait. Sur Internet, vous trouverez des communautés qui vous soutiennent avec des conseils et des recommandations. Si vous avez besoin d'une sorte de confirmation que ce que vous faites est juste, vous devrez l'obtenir de là. Il y a des dizaines de blogueurs de dividendes, dont certains sont célébrés comme de vraies superstars. Vous ne pouvez généralement les trouver que sur Internet (voir addendum).

Bien sûr, je vous recommande de toujours utiliser votre propre cerveau lors de la prise de décisions d'achat, et pas seulement acheter ce que le blogueur XYZ recommande. Cependant, je peux dire que certains de ces blogueurs de dividendes écrivent avec une grande expertise. Si vous faites cela depuis des années, il y a de bonnes chances que vous deveniez un expert dans ce domaine.

7. En tant qu'investisseur axé sur le revenu, vous participez à la vie économique.

Il y a une autre raison pour laquelle je recommande de s'intéresser aux actions. Si vous avez des actions d'une entreprise, vous devenez copropriétaire de cette entreprise. Vous ne pouvez posséder qu'une très petite part, mais cela éveillera en vous un intérêt dans les affaires de cette entreprise. Et, plus vous avez d'actions de cette entreprise, plus vous serez intéressé. Plus vous avez de titres différents dans votre portefeuille, plus vous élargissez votre horizon. Tout à coup, vous vous intéressez aux chaînes de distribution de drogueries, aux oléoducs et au gaz liquide. Vous commencerez à lire sur l'immobilier commercial, sur les obligations de pension d'une entreprise automobile. Les connaissances que vous acquérez ici ne sont pas abstraites. Il est dans votre intérêt que les entreprises et les industries dans lesquelles vous avez investi prospèrent. Les dividendes sont versés du cash-flow d'une entreprise, ce qui signifie qu'ils proviennent principalement des bénéfices qu'elle tire de ses activités. Si le profit disparaît, le dividende est en danger, et cela affectera éventuellement votre propre cash-flow. Je suis toujours étonné de voir à quel point certaines personnes connaissent peu les industries qui n'ont rien à voir avec leur travail. Cependant, n'est-il pas vrai qu'au bout du compte, tout est relié à tout le reste ? N'est-il pas vrai que certains contrats avec des entreprises de services publics déterminent le montant de votre facture d'essence ? N'est-il pas vrai que les hauts et les bas de l'économie américaine déterminent combien d'emplois sont créés ? Plus vous aurez d'actions, plus vous aurez une idée de la façon dont tout est entrelacé avec tout le reste. On ne peut pas simplement laisser tomber et dire : « Je m'en fiche ». Vous constaterez peut-être que beaucoup de choses dans l'économie ont mauvaise presse et devraient être différentes. Eh bien, si vous investissez dans les actions, vous avez une chance de vous impliquer activement, en faisant votre propre choix concernant ce que vous voulez investir et ce que vous ne voulez pas investir. Ce faisant, vous contribuez à changer l'économie.

Lorsque vous commencez à recevoir des dividendes de différents secteurs de l'économie, tout devient beaucoup plus concret. En tant qu'actionnaire, vous êtes payé pour détenir des actions de ces sociétés. Cela signifie rien de moins que vous fournissez à ces entreprises *votre propre argent* pour qu'elles puissent fonctionner ou peut-être même prendre de l'expansion. Cela crée une relation mutuelle que vous pouvez façonner vous-même. De plus, à un moment donné, cette relation vous permettra de devenir financièrement indépendant.

PARTIE 2 : INTRODUCTION AU MONDE DES DIVIDENDES

1. Que sont les dividendes ?

Un dividende est la distribution des bénéfices d'une société à ses actionnaires. Le terme dividende vient du mot latin «dividere», qui signifie «distribuer». Par conséquent, c'est un montant fixe qui est «distribué» entre les actionnaires, lorsque la société a fait un profit.

Historiquement, la Compagnie néerlandaise des Indes orientales (VOC) a été la première entreprise à verser des dividendes réguliers. Ceux qui détenaient des actions de la VOC ont eu de la chance, car pendant ses presque 200 ans d'existence (1602-1800) la VOC a versé des dividendes annuels d'environ 18 pour cent de la valeur de l'action.

Chaque actionnaire reçoit un paiement en espèces pour chacune des actions qu'il détient. Si une société décide de verser un dividende de 2 USD et qu'un actionnaire détient 100 actions, il reçoit un dividende de 200 USD. Si quelqu'un détient 1 000 actions, il recevra un dividende de 2 000 USD.

Il est important de noter que les investisseurs reçoivent le dividende indépendamment de l'évolution du cours de l'action. Les bons payeurs de dividendes sont même en mesure de payer le dividende en « temps de crise ». Par exemple, cela a été le cas pendant la crise financière de 2007-2008. Ceux qui détenaient des actions des payeurs de dividendes habituels à l'époque, comme Coca Cola, Procter & Gamble, Walmart ou Johnson & Johnson, ont reçu leurs dividendes, même si le prix des actions a chuté. Les paiements de dividendes ont ainsi compensé au moins une partie des pertes en termes de prix. D'ailleurs, les actions des bons payeurs de dividendes se sont rapidement rétablies après la crise. Des études ont montré que le cours de l'action des payeurs de dividendes fiables en général est revenu plus rapidement que les autres au niveau d'avant la crise. C'est une raison suffisante pour examiner de plus près ces actions solides.

2. Pourquoi les sociétés versent-elles des dividendes ?

Lorsqu'une entreprise fait un profit, elle a deux options. Elle peut conserver le profit et investir dans ses activités actuelles ou futures. Alternativement, elle peut distribuer une partie des bénéfices à ses actionnaires. Une entreprise verse des dividendes de ses bénéfices parce qu'elle veut récompenser ses actionnaires pour avoir mis leur capital à sa disposition. Toutefois, le versement d'un dividende n'est pas une obligation légale. Des entreprises comme Facebook ou Amazon, par exemple, ne versent pas actuellement de dividendes (en date de mars 2020). En revanche, Apple a commencé à verser des dividendes en 2012. En général, les entreprises qui sont encore en phase de croissance ont tendance à ne pas verser de dividendes. Elles investissent leurs profits dans la croissance, au lieu de les distribuer aux actionnaires. Amazon est connu pour investir dans de plus en plus de secteurs d'activité, afin de croître encore plus, malgré un chiffre d'affaires **énorme.** Des entreprises plus matures, comme McDonalds, IBM et Microsoft, versent des dividendes à leurs actionnaires. La raison en est simple. Un bon dividende attire les investisseurs, en particulier les investisseurs axés sur le revenu, qui peuvent rester fidèles à leurs actions pendant des décennies. De plus, vous n'agiriez pas différemment si vous étiez vous-même propriétaire d'une entreprise. Si votre entreprise faisait un profit, vous vous verseriez probablement un dividende en espèces. Vous pourriez peut-être réinvestir les profits dans l'entreprise au début, pour la faire croître plus rapidement. Cependant, à un certain point, vous voudriez voir les fruits de votre travail.

Il y a une autre raison pour laquelle les sociétés versent des dividendes. Les dividendes assurent que la gestion d'une société est « disciplinée financièrement ». Ainsi, il devient moins probable que l'entreprise utilise de l'argent pour financer des projets qui pourraient éventuellement s'avérer un échec. Des études démontrent que, sur de longues périodes, les actions à dividendes donnent de meilleurs résultats que les actions sans dividende.

3. Quand les sociétés versent-elles des dividendes ?

Si vous investissez dans des actions de dividendes américaines, il y a quelques dates à considérer. Premièrement, il faut savoir clairement qui, parmi les actionnaires, a le droit de recevoir des dividendes. La date d'enregistrement du dividende est la date à laquelle il est déterminé quels actionnaires sont admissibles à recevoir un dividende. Vous devez avoir les actions dans votre portefeuille avant cette date d'enregistrement si vous voulez recevoir le dividende. Attention cependant ! Ce n'est pas la date d'enregistrement qui compte, mais plutôt *la date ex-dividende*. La date ex-dividende est fixée exactement un jour ouvrable avant la date d'enregistrement du dividende. Par conséquent, si vous souhaitez bénéficier du dividende, vous devez avoir l'action dans votre portefeuille avant la date ex-dividende, c'est-à-dire au moins deux jours avant la date d'enregistrement. Il y a ensuite *la date du dividende*. C'est la date à laquelle le dividende est effectivement versé. Maintenant, vous vous demandez peut-être pourquoi il est réglementé de cette façon ; il y a de bonnes raisons pour cela. Certains investisseurs achètent l'action avant la date d'enregistrement, obtiennent le dividende et le revendent ensuite. Je ne considère pas que ce soit une stratégie intelligente. Le jour du dividende, le cours de l'action baisse habituellement d'un montant à peu près égal au dividende versé. C'est logique, car ce jour-là, les actionnaires sont un peu «plus riches», mais la société est «plus pauvre», car elle a distribué une partie des actifs de la société sous forme de dividendes. C'est pourquoi il y a un « rabais » sur cette part. Les chasseurs de dividendes sont donc désavantagés parce qu'ils perdent autant qu'ils ont gagné. Ils doivent également payer des commissions pour l'achat et la vente de l'action. Mais, pour les investisseurs à long terme, l'escompte des dividendes n'est pas un problème. Si vous étudiez les graphiques de prix à long terme, vous remarquerez à peine les effets de cette réduction.

4. Qu'est-ce que le rendement de dividende ?

Le rendement de dividende indique à l'investisseur le rendement auquel il peut s'attendre lorsqu'il achète une action. Le rendement de dividende est le rapport entre le montant du dividende annuel d'une action et son prix actuel. Comme le cours d'une action change constamment, le rendement de dividende change naturellement avec lui. Le rendement de dividende augmente si le cours de l'action baisse, car l'acheteur paie moins pour le même nombre d'actions. C'est aussi la raison pour laquelle les vrais chasseurs de dividendes sont effectivement «heureux» lorsque le cours des actions baisse, car cela leur permet d'améliorer leurs positions à des prix plus bas (c.-à-d. acheter plus d'actions) et de recevoir ainsi un rendement plus élevé. Si le cours d'une action augmente, le rendement de dividende baisse également automatiquement. Un investisseur doit maintenant fouiller plus profondément dans ses poches pour acheter le même nombre d'actions. Si le cours de l'action d'une entreprise augmente constamment, cette entreprise devra augmenter son dividende si elle veut maintenir son rendement de dividende.

Pour calculer le rendement de dividende, il faut diviser les dividendes annuels par le cours actuel de l'action. Rendement de dividende = dividende annuel/cours de l'action

Si le cours d'une action donnée est de 100 € et que la société verse un dividende de 3 €, le rendement de dividende sur cette action est de 3 %.

3 € / 100 € = 0,03

Le 0,03 exprimé en pourcentage donne un rendement de 3 %.

Si le cours de l'action monte à 120 € et que la société n'augmente pas le dividende, le rendement tombe à 0,025 ou 2,5%.

Il est important de souligner que le rendement de dividende est calculé en fonction du rendement annuel. Autrement dit, il n'est pas calculé sur la base de versements trimestriels, semestriels ou mensuels.

5. Qu'est-ce que le taux de distribution ?

Le taux de distribution des dividendes est le rapport entre la valeur totale des dividendes versés aux actionnaires et le profit net de l'entreprise. C'est le pourcentage des profits qu'une société distribue à ses actionnaires sous forme de dividendes. La société conserve le montant qui n'est pas versé à ses actionnaires. L'entreprise peut avoir besoin d'elle pour rembourser sa dette, réinvestir dans ses activités de base ou augmenter ses réserves de trésorerie.

Certaines sociétés distribuent presque tous leurs profits aux actionnaires. En même temps, de nombreuses entreprises ne paient qu'une partie de leurs profits et certaines ne paient rien du tout. Le géant de l'Internet Amazon en est un bon exemple. Bien que l'entreprise Amazon réalise d'énormes profits, elle est encore dans une phase de croissance. Elle dépense d'énormes sommes d'argent pour accroître ses revenus et étendre ses activités. Les marges bénéficiaires sont minces au cours de cette période de croissance. Néanmoins, l'entreprise a été rentable au cours des dix dernières années, sauf en 2014. Il y a de bonnes chances qu'Amazon commence à payer des dividendes un jour, si la croissance ralentit et que le cash-flow continue de croître. Le versement d'un dividende signifie habituellement qu'une entreprise a laissé sa phase de croissance derrière elle. Le taux de versement dépend souvent du degré de maturité de l'entreprise. Apple (AAPL), par exemple, a commencé à verser un dividende en 2012. La direction a eu de la difficulté à justifier l'énorme cash-flow de l'entreprise avec un taux de versement de 0 %.

Un faible taux de versement est habituellement une indication que la société a un revenu suffisant pour garantir les versements futurs de dividendes. Il peut utiliser les réserves de trésorerie pour augmenter le dividende année après année. Les investisseurs qui sont à la recherche de la croissance des dividendes préfèrent naturellement ces entreprises.

Un taux de versement élevé (plus de 80 %, par exemple) est un signe que l'entreprise verse la plupart de ses profits sous forme de dividendes. Le danger ici est que l'entreprise pourrait être forcée d'arrêter d'augmenter le dividende, voire de le réduire, si des difficultés financières surgissent (ce fut le cas lors de la crise de Corona). Dans le pire des cas, il pourrait être forcé de cesser de verser des dividendes. Par conséquent, un taux de versement élevé est un signe d'avertissement.

En général, un taux de versement d'environ 30 à 50 % indique que l'entreprise dispose de réserves durables pour augmenter davantage le dividende. En même temps, elle dispose encore de fonds suffisants pour soutenir ses activités commerciales. Si vous avez une période d'épargne de 20 ans ou plus devant vous, vous devriez donner la préférence à investir dans ces entreprises. Cependant, il y a des exceptions, où même des taux de paiement très élevés sont parfaitement justifiables. Prenons l'exemple de l'action de Coca-Cola au début de 2020, dont le taux de versement était de 88 %. Ce taux élevé était cependant inférieur à la moyenne quinquennale de 175 %. Malgré le taux de distribution élevé, la société a augmenté son dividende annuel au cours des 57 dernières années consécutives.

Certaines sociétés distribuent même plus de 100 % de leurs profits aux actionnaires. Procter & Gamble avait un taux de versement de 188% au début de 2020, qui était dû à une distribution ponctuelle des actifs, en plus des profits. Par conséquent, vous devriez faire attention si vous pensez que le tauxo de paiement est trop élevé. Dans le cas de Procter & Gamble, il est important de se rappeler que la société a versé un dividende depuis 1891 et a augmenté son versement annuel pour les 66 dernières années consécutives.

7. Pourquoi devriez-vous investir dans des actions de dividendes ?

Investir dans des actions de qualité à dividendes élevés est un excellent moyen de créer un patrimoine au fil du temps. Lorsque j'ai entendu parler pour la première fois de dividendes, je ne pensais pas qu'il valait la peine de se pencher là-dessus. « À quoi sert 3 % par année ? » Malheureusement, je n'avais jamais considéré l'effet d'intérêt composé qu'un tel investissement entraîne. Je n'avais jamais entendu parler de la *croissance* des dividendes. Pour moi, c'était quelque chose pour les gens qui ont de gros capitaux. Je pensais que si j'avais peu d'argent, je devrais faire les choses très différemment sur le marché boursier pour devenir riche. J'ai mis du temps à réaliser mon erreur.

Si vous réinvestissez systématiquement les dividendes (en achetant plus d'actions avec les dividendes, qui à leur tour paient plus de dividendes), vous construisez une machine à argent qui finira par fonctionner par elle-même. C'est une méthode relativement sûre pour se construire un patrimoine, qui a été prouvée

mille fois. Pour démontrer le pouvoir des actions
à dividendes, prenons quelques exemples de gens
ordinaires qui sont devenus riches grâce aux actions
à dividendes.

42

8. Des gens ordinaires qui sont devenus millionnaires grâce aux actions de dividendes

Exemple 1: Anne Scheiber

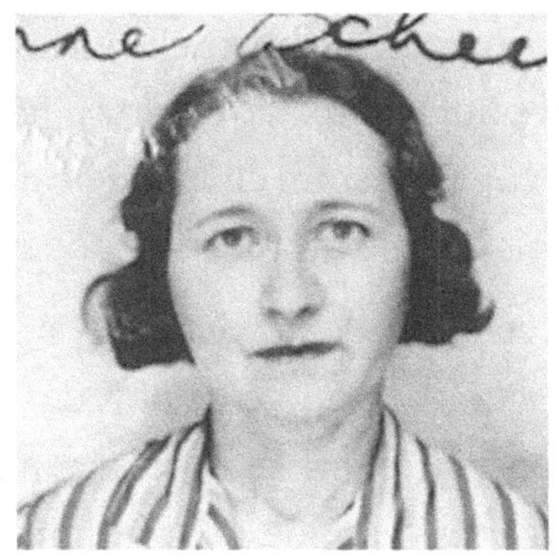

En 1935, Anne Scheiber travaillait comme comptable pour le bureau des impôts de l'État américain du Tennessee. Elle gagnait un salaire de 3150 USD par an. Comme elle n'avait pas d'enfants et vivait modestement, elle a réussi à épargner 5000 USD qu'elle a commencé à investir dans des actions. Elle n'a jamais reçu un salaire supérieur à 4000 USD par an et n'a jamais été promue.

En 1944, Anne Scheiber prend sa retraite à l'âge de 51 ans. Son portefeuille d'actions avait déjà atteint une valeur de 21 000 USD à ce moment-là. (Ajusté pour l'inflation, ce serait environ 297 000 USD aujourd'hui). Elle a emménagé dans un petit appartement à Manhattan, près de Central Park. Elle a bénéficié d'une pension annuelle de 3100 USD, mais a continué à négocier sur le marché boursier pour les cinquante prochaines années. Bien que sa fortune ait continué de croître d'année en année, elle a maintenu son mode de vie modeste. Apparemment, la peinture s'effritait des murs de son appartement et elle vivait au milieu de vieux meubles poussiéreux. Elle portait habituellement le même manteau noir et un chapeau de matrone sur la tête, chaque fois qu'elle quittait son appartement.

Au fil des décennies, Anne Scheiber a constitué un portefeuille d'actions composé de plus de 100 titres. Elle ne s'est pas concentrée sur les «actions innovantes» ou les « high-flyers « de l'époque. Au contraire, elle a acheté les blue chips, c'est à dire les actions qui ont depuis longtemps passé leur phase de croissance. Ce sont ces compagnies dont le cours de l'action a depuis longtemps cessé de monter fortement. Par exemple, elle a acheté des actions des producteurs de boissons Coca-Cola et Pepsi. Elle avait des parts du studio Paramount et de grandes sociétés pharmaceutiques comme Schering-Plough (aujourd'hui Merck & Co). Bien qu'elle ait longtemps été riche, elle a maintenu son mode de vie économe et quelque peu excentrique. Selon une anecdote, elle a rapporté à la maison les restes de nourriture d'une assemblée des actionnaires à laquelle elle a assisté, afin de se nourrir pendant les trois jours suivants. Jusqu'à sa mort en 1995, elle vivait dans le même appartement et portait les mêmes vêtements qu'en 1944.

Anne Scheiber était, pour ainsi dire, l'incarnation de l'investisseur axé sur le revenu économe. Elle a ignoré toutes les fluctuations de prix sur le marché boursier et a constamment réinvesti les dividendes. Elle n'a jamais vendu une action, même lorsque le marché boursier était en chute libre, comme lors de la crise économique au début des années 1970 ou lors du krach du «Black Monday» en 1987. Au moment de son décès, 30 % de son portefeuille était constitué d'obligations, car dans les dernières années de sa vie, Anne Scheiber a utilisé les dividendes pour acheter des obligations municipales non imposables. A la fin de sa vie, la valeur de son portefeuille était d'environ 22 millions USD. Les dividendes à eux seuls ont totalisé environ 750 000 USD par an.

Anne Scheiber légua toute sa fortune à la Yeshiva University de New York. Personne à l'université n'en avait jamais entendu parler. Soit dit en passant cette institution a également produit d'autres personnalités connues, comme les auteurs Herman Wouk et Chaim Potok, ainsi que le neurologue Oliver Sacks. Jetons maintenant un coup d'œil aux dix premières positions du portefeuille d'Anne Scheiber au moment de son décès.

Figure 1 : les dix positions les plus fortes du portefeuille d'Anne Scheiber en 1995

Company	Shares owned	$ Price 1995	value	Gain
Schering-Plough (SGP)	64,000	59.25	3,788,800	62%
Pepsico (Pep)	27,000	57.5	1,552,500	65%
Allied Signal (ald)	20,934	49.25	1,030,999	44%
Loews (LTR)	14,061	78	1,096,758	75%
Bristol-Myers Squibb (BMY)	10,080	84.5	851,760	45%
Coca-Cola (KO)	9,048	79.25	717,054	60%
Allegheny Power System (AYP)	8,000	28.25	226,000	30%
Rockwell International (ROK)	4,640	51.75	240,120	46%
Unocal (UCL)	3690	28.75	106,087	10%
Exxon (Xon)	1664	84	139,776	39%
Total	163,117		9,749,854	

Anne Scheiber a acheté des parts importantes dans les sociétés pharmaceutiques Schering-Plough et Bristol-Myers Squibb.

Ce n'est pas inhabituel pour les portefeuilles de dividendes. Les sociétés pharmaceutiques sont surtout de bons payeurs de dividendes. À Schering-Plough, Anne Scheiber s'est construit une position de 64 000 actions au fil des décennies ! Au moment de sa mort, cette position correspondait à elle seule à une fortune de 3 788 800 USD. Elle détenait également des positions remarquables dans Pepsico et Coca-Cola. Pas étonnant, puisque les deux sociétés sont également de solides payeurs de dividendes. Nous trouvons également les utilitaires typiques, comme le Allegheny Power System de la Pennsylvanie. Avec des actions dans Unocal (acquise par Chevron en 2005) et Exxon, elle avait également du pétrole et du gaz dans son portefeuille.

Toutes ces sociétés de capitaux sont des classiques traditionnels – on pourrait presque dire « ennuyeux » – du dividende. Il était également logique pour Anne Scheiber d'accumuler des participations à long terme dans ces entreprises, car la probabilité qu'elles fassent faillite était très faible. Ces entreprises ont plutôt été rachetées par un concurrent, comme ce fut le cas pour Schering-Plough, Allied, Rockwell International et Unocal. Les investisseurs n'ont pas à craindre les rachats d'entreprise. Au contraire, elles vont généralement de pair avec une forte hausse du cours des actions, qui injecte des fonds supplémentaires dans le portefeuille de l'investisseur en dividendes.

Exemple 2: Ronald Read

Notre deuxième investisseur a aussi une histoire incroyable et s'inscrit donc dans la catégorie des «millionnaires cachés». Read était le genre de personne que peu de gens auraient soupçonné d'être riche. Il a grandi à Dummerston, dans le Vermont, dans une communauté agricole appauvrie. Il parcourait 6,4 km par jour, en marchant ou en faisant du stop, jusqu'à son école secondaire, et était le premier diplômé du secondaire de sa famille. Pendant la Seconde Guerre mondiale, il s'est enrôlé dans l'armée et a servi comme policier militaire en Italie. Après la guerre, Read retourna à Brattleboro, dans le Vermont, où il travailla comme préposé et mécanicien dans une station-service pendant environ 25 ans. Pendant un an, il fut «à la retraite», puis il prit un emploi de concierge pour dix-sept ans, jusqu'en 1997.

Read aimait couper du bois. Il conduisait souvent sa voiture jusqu'à la ferme familiale pour ramasser du bois de chauffage. Il collectionnait les timbres et les pièces de monnaie. Il buvait régulièrement du café au café de l'hôpital Brattleboro Memorial, et il mangeait toujours un muffin anglais avec du beurre d'arachide pour le petit déjeuner. Le directeur du développement de l'hôpital lui a obtenu sa première carte de bibliothèque en 2007. Après cela, il visita régulièrement la bibliothèque et rentra toujours chez lui avec une pile de livres.

À sa mort en 2014, il a légué 1,2 million de dollars à la bibliothèque Brooks Memorial et 4,8 millions de dollars à l'hôpital Brattleboro Memorial. Il s'est avéré que Read avait un portefeuille de dividendes d'une valeur de près de USD huit millions.

Read, lui aussi, n'avait investi que dans des blue chips. Il évitait les entreprises technologiques. Pendant des décennies, il a aussi patiemment réinvesti les dividendes qu'il a reçus. Pour cette raison, nous examinerons également les dix postes les plus importants de Read.

Figure 2 : Les dix positions les plus fortes de Ronald Read

Company	value in $
Wells Fargo	510,900
Procter & Gamble	364008
Colgate-Palmolive	252104
American Express	199034
J.M. Smucker	189722
Johnson & Johnson	183881
VF Corp.	152208
McCormick	145055
Raytheon	142970
United Technologies	140880
Total	2,280,762

Comme nous pouvons le voir, les dix postes «les plus importants» de Ronald Read ne constituaient que la plus petite partie de son portefeuille global. Nous ne connaissons pas ses autres positions, mais il est raisonnable de supposer que Read avait un portefeuille diversifié composé de dizaines d'entreprises.

Néanmoins, il est intéressant de voir dans quelles entreprises Read a investi le plus d'argent. Sa position la plus importante était Wells Fargo, une banque avec une capitalisation boursière de 274 milliards USD (2017). C'est la deuxième banque en importance au monde, après JP Morgan Chase. Berkshire Hathaway, la société détenue par Warren Buffet, détient actuellement 9,8% des actions. En deuxième et troisième place, nous avons Procter & Gamble (Gillette, Always, Oil of Olay, Oral-B et Pampers) et Colgate Palmolive (Ajax, Elmex et Aronal), deux entreprises de biens de consommation. Ça pourrait difficilement être plus «ennuyeux»...

American Express n'a guère besoin d'être présenté. J.M. Smucker est un producteur de confiture, de beurre d'arachide et de crème glacée. VF Corp est une entreprise de vêtements (Lee Jeans, Wrangler). Avec Johnson & Johnson, Read a également investi de l'argent dans une société pharmaceutique. McCormick est un fabricant de tracteurs. Avec Raytheon (Patriot), Read avait également des parts dans une entreprise d'armement et, avec United Technologies, dans une entreprise de technologie, active dans les voyages spatiaux, mais qui construit également des ascenseurs et de la climatisation.

Si vous regardez la liste de Read, il y a autre chose :
presque toutes les entreprises ont plus de 100 ans.

Wells Fargo 1852

Procter & Gamble 1837

Colgate Palmolive 1806

J.M. Smucker 1897

Johnson & Johnson 1886

Vfcorp 1899

McCormick 1856

Seuls Raytheon (1927) et United Technologies (Steel
Propeller était le prédécesseur en 1919) sont un peu «plus
jeunes». En d'autres termes, Read n'a pas construit sa
fortune avec des entreprises de technologie moderne. Il
a compté presque entièrement sur les « dinosaures « de
l'ère industrielle. Toutes ces entreprises ont une longue
histoire de dividendes et font partie de l'épine dorsale
de l'économie américaine. Read n'était que l'exemple
classique d'un investisseur qui mise sur des actions de
qualité et réinvestit patiemment les dividendes versés
par ces géants depuis des décennies !

Exemple 3: Grace Groner

Il n'y a probablement pas d'histoire qui illustre mieux la puissance de la stratégie de dividende que celle de Grace Groner.

Grace Groner est née en 1909, dans une petite communauté agricole du comté de Lake, dans l'Illinois. À l'âge de douze ans, elle et sa sœur jumelle Gladys sont devenues orphelines. Les deux filles ont été accueillies par l'un des membres de la communauté, George Anderson. Il a financé les études de Grace au Lake Forest College voisin. La famille Anderson la considérait simplement comme faisant partie de la famille. Grace vivait avec Ann Findlay, une parente plus âgée, dans un petit chalet. Elle ne s'est jamais mariée et a travaillé comme secrétaire pour les Laboratoires Abbott pendant 43 ans. Elle avait peu de besoins et n'a jamais été propriétaire d'une voiture de sa vie.

Elle a acheté ses vêtements à des ventes de fouille et, apparemment, elle a toujours donné de l'argent à ceux dans le besoin. Le seul luxe qu'elle s'est offerte, ce sont les voyages.

En 1935, Grace Groner investit 180 USD dans trois actions de Abbott Laboratories, l'entreprise pour laquelle elle travaille. Elle a ensuite réinvesti les dividendes pour les 75 années suivantes. Elle n'a jamais vendu une seule action. Son action d'Abbott a été divisé plusieurs fois au cours des 75 années suivantes. Grace Groner n'a rien fait de plus que de réinvestir les dividendes d'Abbot dans de nouvelles actions d'Abbot, année après année. C'était la seule entreprise dans laquelle elle avait acheté des actions. À la fin de sa vie, elle avait plus de 100 000 actions Abbott.

Personne ne savait que la personne âgée ordinaire avait amassé une fortune. Après sa mort en 2010, sa succession a totalisé plus de sept millions de dollars. Elle a été léguée à une fondation qu'elle avait créé avant sa mort. Il est estimé que la fondation a reçu 300 000 USD annuellement, en intérêts de sa succession. Elle a souhaité que l'argent aille aux étudiants du Lake Forest College. L'argent a été utilisé pour financer des études indépendantes, des stages, des études internationales et des projets de services, ainsi qu'une bourse pour les étudiants de l'école pharmaceutique. Le chef de la Fondation de l'école est «presque tombé de sa chaise» quand il a entendu parler du don de Grace Groner à l'école. Nous n'avons pas besoin d'étudier davantage le «portefeuille d'actions» de Grace Groner, car il se composait d'actions d'une seule société : Abbott Laboratories, la société où elle avait travaillé comme secrétaire pendant 43 ans. Avec un «investissement initial» de 180 USD, avec lequel elle pouvait acheter seulement trois actions, elle a accumulé une fortune de plus de sept millions de dollars sur des décennies. Attention : avec des actions d'une seule entreprise ! Abbot Laboratories a été fondée à Abbott Park, North Chicago, Illinois en 1888. L'activité principale de la société pharmaceutique, qui compte environ 73 000 employés, est la recherche, le développement et la production de divers médicaments pour la médecine humaine et vétérinaire, ainsi que le travail dans les domaines du diagnostic en laboratoire et de la nutrition clinique. La société est l'un des aristocrates de dividendes, un groupe d'actions de dividendes avec plus de 25 années consécutives de dividendes croissants.

8. Quel est l'effet de l'intérêt composé ?

Les trois exemples montrent magnifiquement que quiconque veut accumuler des actifs à long terme, devrait considérer l'effet d'intérêt composé. Cet «effet», que Albert Einstein a également appelé «la huitième merveille du monde», est la différence décisive entre être l'un des gagnants ou l'un des perdants du jeu de l'argent, un jour. Cela peut sembler un peu cruel, mais le fait est que la compréhension de cet effet détermine si vous aurez à travailler pour l'argent toute votre vie, ou si l'argent commencera à travailler pour vous un jour. Pour comprendre l'effet d'intérêt composé, il faut d'abord comprendre l'intérêt simple. Tout le monde connaît le concept. Imaginez que vous avez 1000 € et que vous trouvez un investissement qui vous donne 10% par an. Dans ce cas, après un an, votre argent vous rapportera 10% ou 100 €. Après un an, vous aurez un capital de 1100 €. Malheureusement, la plupart des gens n'apprécient pas ce rendement de 10 %. Ils se disent : « Nous dépenserons 100 € pour un bon repas. » Rien de mal à ça ! Dans un an, vous pourrez sortir dîner à nouveau, car le capital aura gagné 10% de plus, et il y aura encore 1100 € sur votre compte. On pourrait presque faire une belle tradition de ce repas annuel. Cependant, il y a un problème avec l'intérêt simple. Il ne permet pas à votre capital de croître. Il reste à 1 000 €. En fait, c'est encore pire que cela – en raison de l'inflation annuelle, vos 1 000 € perdent leur pouvoir d'achat chaque année. Si vous avez pu manger dans un bon restaurant avec vos 100 € la première année, dix ans plus tard vous ne pourriez probablement que vous permettre un stand de pizza. 100 € aujourd'hui n'ont en aucun cas la même valeur que 100 € dans dix ans.

Maintenant, nous arrivons à l'intérêt composé. Au lieu de dîner chaque année, vous laissez l'intérêt annuel dans le compte. De cette façon, au lieu de le consommer, vous réinvestissez vos 100 €. Après deux ans, non seulement votre capital de départ aura augmenté, mais l'intérêt de 10% que vous avez réinvesti aura également gagné de l'intérêt.

Après la deuxième année, votre capital est de : 1 100 € x 1,10 = 1 210 € Vous avez maintenant reçu deux fois 100 € d'intérêt, plus 10 € d'intérêt composé. Ces 10 € sont le premier intérêt composé que vous recevez de votre investissement. Au lieu de 100 € (comme la première année), notre investissement a maintenant gagné 110 €. Un restaurant légèrement meilleur, si vous voulez.

À première vue, cela semble encore modeste, mais regardons de plus près ce qui se passe si nous laissons cet intérêt composé, ainsi que notre intérêt simple, continuer à «travailler» pour nous.

Après cinq ans, nous gagnons 146,41 € en intérêts, et notre capital est passé à 1610,51 €.

Après dix ans, nous recevons 235.80 € en intérêts. Notre capital est maintenant passé à 2 593,75 €. Les restaurants deviennent vraiment bons... Après vingt ans, notre capital génère 611,59 €. Le compteur de capital s'élève maintenant à 6 727,52 € !

Après trente ans, enfin notre investissement distribue 1 586,31 € annuellement, ce qui est plus que la participation initiale de 1 000 € ! Nous avons maintenant un capital total de 17 449,44 €. Cela signifie que notre participation initiale a été multipliée par dix-sept ! J'espère que cela démontre le pouvoir de l'intérêt composé pour le lecteur. À ce stade, notre argent a depuis longtemps commencé à «travailler» pour nous. Soit dit en passant, après 50 ans, nous aurions gagné 117 391 € – avec un investissement ponctuel de seulement 1 000€ ! Au fil des ans, nous n'avons pas ajouté un seul cent au capital initial. Graphiquement, la croissance ressemble à ceci :

Figure 3 : 1 000 € après 50 ans avec un pourcentage d'intérêt de 10 %

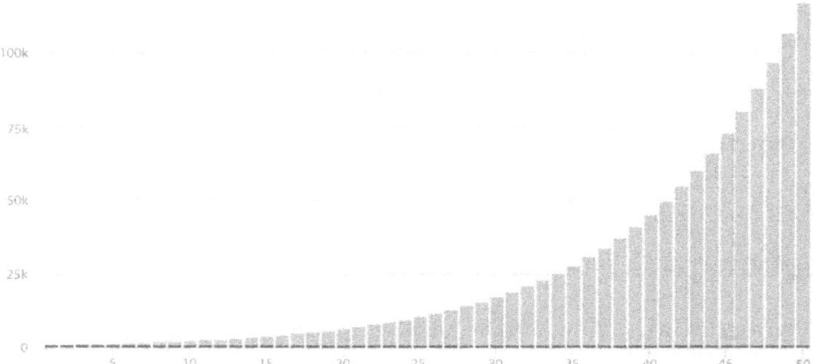

La petite barre bleue foncé du début (à gauche sur le graphique) représente notre capital initial de 1000 €. La barre bleu clair au-dessus de cela est l'intérêt qu'il fait. Comme vous pouvez le voir, la croissance de notre investissement de 1 000 € est plutôt lente au début, cependant, après 15 à 20 ans, cela accélère vraiment. Notre capital commence à croître de plus en plus, grâce à l'effet d'intérêt composé. Cela signifie que la courbe commence à croître «exponentiellement». Il augmente non seulement parce que le taux d'intérêt fait croître le capital d'une année à l'autre, mais aussi parce que le taux d'intérêt lui-même commence à augmenter. Si vous regardez à l'envers, les sauts deviennent de plus en plus gros, comme vous pouvez le voir dans le diagramme. La plupart des gens sont susceptibles de connaître cet effet sous le terme « système boule de neige ». La

« lettre en chaîne » est un bon exemple. Si quelqu'un reçoit une lettre en chaîne et l'envoie à dix autres personnes, qui à leur tour le transmettre à dix personnes chacune, alors, théoriquement, 100 000 lettres ont déjà été envoyées après le cinquième destinataire. De plus, depuis la crise de Corona, tout le monde sait ce qu'est une courbe exponentielle.

9. Qu'est-il préférable : dividendes élevés ou croissance des dividendes ?

Lorsqu'on parle de dividendes, les débutants sont souvent enthousiastes à l'égard des entreprises qui paient des dividendes « élevés ». Ces entreprises existent, bien sûr. Des dividendes de huit, neuf, ou même plus de dix pour cent semblent être la solution pour gagner au moins «un peu» de retour sur votre argent, parce que l'intérêt, dans le vrai sens du mot, existe à peine plus. Pire encore. Nous sommes depuis longtemps entrés dans l'ère des taux d'intérêt négatifs. En langage clair : si vous laissez votre argent dans votre compte d'épargne, vous aurez peut-être moins d'argent après un an, que l'année précédente. La dépréciation monétaire ou l'inflation (mieux : pouvoir d'achat réel de la monnaie) ne sont pas encore prises en compte. Donc, un dividende de 9% est la bienvenue comme alternative, n'est-ce pas ? Parce qu'alors vous obtenez au moins quelque chose de votre argent et vous maintenez votre pouvoir d'achat.

Aussi plausible que cette idée semble être, elle conduit malheureusement souvent à des conclusions erronées. Ce sont précisément les effets de la faiblesse des taux d'intérêt qui ont amené de nombreuses entreprises à verser des dividendes élevés, mais cela les a aussi amenées à avoir une dette excessive. Vous pourriez, temporairement, avoir une part de dividende bien payée dans votre portefeuille, mais cela pourrait s'avérer être une bombe à retardement. Au lieu de se concentrer exclusivement sur les actions à haut rendement, l'investisseur expérimenté en dividendes a tendance à se concentrer sur les entreprises ayant une histoire établie de croissance des dividendes. Les sociétés qui versent régulièrement des dividendes depuis des décennies sont généralement plus fiables que les sociétés qui versent des dividendes élevés. Par conséquent, quelqu'un avec de l'expérience est plus susceptible de construire son portefeuille avec des actions d'entreprises qui paient durable et, surtout, la croissance des dividendes. Des études ont montré qu'un tel portefeuille est plus robuste parce qu'il offre une protection contre les fluctuations du marché et un ralentissement de la croissance économique.

Les dividendes sont versés sur les profits d'une société et sont indépendants du prix courant du marché de l'action. Si une entreprise verse un dividende de façon fiable depuis des décennies (sans le réduire), c'est un bien meilleur indicateur de la performance de l'entreprise que le niveau d'intérêt.

Un dividende élevé est souvent l'expression d'une forte baisse du cours des actions. Si le prix était de 100 € et que la société a versé un dividende de 3 €, le rendement du dividende n'était que de 3 %. Si le cours de l'action tombe maintenant à 30 € et que la société garde ses actionnaires calmes en continuant à payer un dividende de 3 € par an, le rendement actuel, par rapport au cours de l'action, devient 10%. Cela peut rendre l'eau à la bouche d'un chasseur de rendement, mais cela ne cache pas le fait que le cours de l'action est tombé à moins d'un tiers de la valeur antérieure.

C'est pourquoi les investisseurs en dividendes expérimentés ont tendance à examiner l'augmentation régulière du dividende. Si une entreprise augmente son dividende chaque année, cela signifie que l'intérêt sur les actions que j'achète aujourd'hui sera plus élevé l'an prochain. Par conséquent, chaque année où je conserve mon investissement dans cette société, le pourcentage de mon dividende, par rapport à mon investissement initial, augmentera. Prenons l'exemple d'un titre hypothétique – qui se négocie actuellement à 100€ sur le marché. Si la société paie un dividende de 3 € aujourd'hui, le rendement de mon capital est de 3%. Si la société augmente son dividende à 3,30 € l'année suivante, le rendement de mon capital augmente à 3,30%. Bien que cette augmentation puisse sembler «insignifiante» à première vue, cette augmentation du dividende représente une augmentation de 10%. Si un investisseur axé sur le revenu dépend principalement d'actions dont le dividende augmente chaque année, il mise sur un rendement de son capital en augmentation constante. La plupart des investisseurs qui comptent sur la croissance des dividendes visent des distributions de dividendes qui augmentent de 5 % à 10 % ou plus chaque année.

Un exemple bien connu est celui de Coca-Cola. Cette entreprise augmente son dividende depuis 57 ans. Bien que la croissance ait quelque peu ralenti ces dernières années (mars 2020), le dividende a tout de même augmenté de 6,91 % au cours des dix dernières années ! Coca-Cola est une véritable machine à encaisser qui rend simplement ses investisseurs heureux. Cependant, il y a un autre aspect de la croissance des dividendes qui répond à la question de savoir s'il faut miser sur la croissance des dividendes ou plutôt sur un dividende élevé : les dividendes accumulés. La meilleure façon de voir les choses est de prendre un exemple. Supposons que nous ayons le choix entre une action avec un dividende inférieur et une croissance élevée du dividende, et une action avec un dividende élevé sans croissance du dividende.

Action1 : rendement du dividende de 3,3 %, croissance du dividende de 10 %

Action2 : rendement du dividende de 7,5 %, croissance du dividende de 0 %

Figure 4 : Rendement du dividende par rapport à la croissance du dividende

(Comparaison des dividendes annuels) (Comparaison des dividendes cumulatifs)

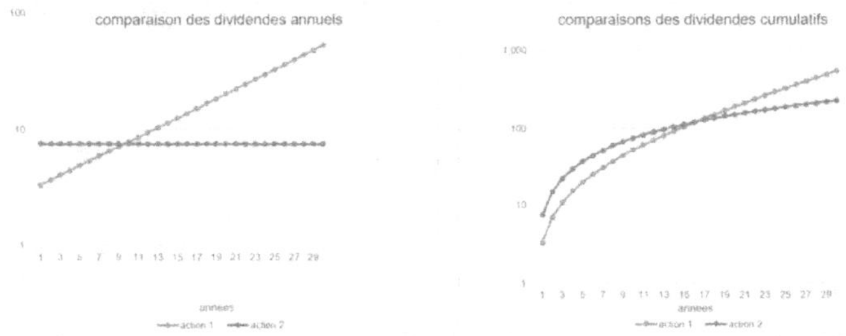

La ligne rouge symbolise l'action 1 et la ligne bleue, l'action 2. Dans le graphique de gauche, nous voyons que, comme prévu, l'action 2 génère des rendements beaucoup plus élevés que l'action 1 au cours des dix premières années. Il faut onze ans pour que l'action 1 rattrape l'action 2, mais elle commence à générer des rendements beaucoup plus élevés.

Cependant, si nous regardons le graphique de droite, une image complètement différente émerge. Le graphique montre les dividendes cumulatifs, c'est-à-dire la somme de tous les dividendes versés pour les deux actions. Si nous examinons cet aspect, nous constatons que l'investisseur a dû attendre 17 ans avant que l'action 1 génère un rendement cumulatif plus élevé que l'action 2. De plus, il a fallu près de 30 ans pour que la différence devienne significative.

Ce fait soulève naturellement des questions sur le temps dont dispose un investisseur pour investir. Ceux qui ont beaucoup de temps (et sont jeunes) devraient donc plutôt se concentrer sur la croissance du dividende. Les investisseurs dont la période d'investissement est limitée à dix ans, ou à un maximum de 20 ans (investisseurs dans la quarantaine ou la cinquantaine), devraient donc se concentrer sur l'investissement de leur portefeuille en actions générant un rendement plus élevé.

Des exemples d'actions à dividendes plus élevés aujourd'hui (mars 2020) sont Altria (8,5 %) ou AT&T (6,4 %), c'est-à-dire des actions dont le rendement du dividende est supérieur à 5 %. Si vous êtes plus jeune, vous pouvez facilement ajouter des actions qui ont plus de potentiel de croissance, et donc payer des dividendes plus faibles maintenant, à votre portefeuille. Les candidats en février 2020 seraient Apple (1,3 %), eBay (1,9 %) ou Starbucks (2,6 %). Bien que les rendements des dividendes de ces sociétés soient faibles aujourd'hui, ce sont toutes des sociétés qui génèrent des profits élevés et qui pourraient facilement augmenter leurs dividendes pour les années à venir.

10. Quels sont les secteurs qui versent les dividendes les plus élevés ?

Si vous commencez à approfondir un peu le sujet des dividendes, vous constaterez bientôt qu'il y a des secteurs qui paient des dividendes beaucoup plus élevés que d'autres. Les entreprises de technologie, par exemple, ne versent généralement pas de dividendes faramineux. La raison en est simple. De nombreuses entreprises de technologie sont des entreprises en croissance. Ils ont tendance à réinvestir les profits, afin de croître plus rapidement. Les entreprises de télécommunications, les services publics et les assureurs sont plus souvent des entreprises établies, avec des clients qui doivent payer des factures ou des primes d'assurance sur une base régulière. Ces sociétés disposent ainsi d'un cash-flow fiable, ce qui leur permet de verser des dividendes plus élevés à leurs actionnaires.

Ici, je vais énumérer les secteurs les plus importants de l'économie américaine et mentionner certains payeurs de dividendes parmi les plus connus. Le rendement du dividende date de mars 2020 (c'est-à-dire pendant la crise de Corona). C'est donc un instantané. Il est uniquement destiné à donner une certaine orientation au lecteur. Veuillez noter que le rendement du dividende peut changer à tout moment, en raison des variations du cours des actions.

Le secteur des technologies (Technology) couvre plusieurs industries, notamment les télécommunications, les services de TI, la fabrication de semi-conducteurs, les services d'hébergement de logiciels et de données, la biotechnologie et la recherche scientifique. Il existe de nombreux noms bien connus dans ce secteur, comme Alphabet (Google), Facebook et Microsoft. Le rendement des dividendes des entreprises technologiques est généralement faible.

Les bons payeurs de dividendes bien connus sont IBM (5,07 %), Cisco (3,63 %), Verizon (4,33 %) et AT&T (5,62 %).

Le secteur des matériaux de base (Basic Materials) comprend plusieurs composantes, notamment le pétrole et le gaz, les métaux, les produits chimiques, les matériaux de construction, la foresterie, le bois et les produits du papier. Les bons payeurs de dividendes sont Exxon Mobil (7,3 %), Chevron (5,41 %) et Dow Inc. (7,19 %).

Les biens de consommation (Consumer Goods) sont des produits qui ne sont pas achetés par les fabricants et les entreprises, mais par les consommateurs. Ici, nous trouvons des pièces de voiture, de la nourriture, des produits en papier et des vêtements.

Le secteur des biens de consommation est généralement divisé en deux catégories : cyclique et non cyclique. Les biens de consommation cycliques comprennent les produits et services de transport de consommation, y compris les compagnies aériennes, les divertissements, les restaurants et les jouets. Les biens non cycliques comprennent les produits qui sont habituellement moins touchés par le cycle économique, notamment les aliments, les boissons et le tabac. Les bons payeurs de dividendes dans ce secteur comprennent Coca Cola (2,97 %), Procter & Gamble (2,45 %), Colgate Palmolive (2,37 %) et Altria (7,4 %).

Le secteur financier (Financial) comprend plusieurs secteurs, notamment les banques, l'épargne et les prêts, l'assurance et l'immobilier. Bien que le secteur ait généré des rendements intéressants par le passé, il a été durement touché par la crise financière de 2008-2009.

Les payeurs de dividende réguliers sont Bank of America (2,8 %) et JPMorgan Chase (3,33 %).

Le secteur de la santé (Healthcare) est composé d'entreprises actives dans les domaines de la biotechnologie, des produits pharmaceutiques, des services de santé, des produits médicaux, des dispositifs médicaux et des accessoires. Dans ce secteur, on compte sept sociétés dont les dividendes ont augmenté pendant 25 années consécutives, dont Johnson & Johnson (2,68 %), Merck (2,97 %) et Pfizer (4,34 %).

Le secteur des biens industriels (Industrial Goods) comprend les entreprises qui fabriquent des produits industriels ou fournissent des services. Bien que le rendement moyen des dividendes dans ce secteur soit faible, il comprend quelques bons payeurs de dividendes : Caterpillar (3,39 %), 3M (3,83 %) et Honeywell (2,19 %).

Le secteur des services (Services) comprend les entreprises qui produisent ou vendent des biens incorporels, les grossistes et les sociétés de transport de marchandises. Ce secteur comprend les services aux entreprises, les restaurants, les magasins d'alimentation et l'hébergement. Les bons payeurs de dividendes comprennent The Home Depot (2,63 %), Mcdonalds (2,51 %) et Starbucks (2,18 %).

Le secteur des services publics (Utilities) est divisé en services publics d'électricité, de gaz et d'eau. Les entreprises de ce secteur ont besoin d'une infrastructure étendue et sont donc lourdement endettées. Si les taux d'intérêt augmentent ou diminuent, le paiement de la dette augmentera ou diminuera en conséquence.

Par conséquent, ce secteur se porte généralement mieux lorsque les taux d'intérêt sont bas. Dans ce secteur, Edison International (3,77 %) et The Southern Company (3,71 %) sont de bons payeurs de dividendes.

PARTIE 3: COMMENT PUIS-JE ME PRÉPARER POUR UN INVESTISSEMENT DE REVENU?

1. Combien dois-je épargner ?

Le montant que vous pouvez économiser de votre revenu (après impôts) est votre taux d'épargne. De nombreux investisseurs épargnent un certain pourcentage de leur revenu chaque mois. Ce taux détermine finalement combien de temps il vous faudra pour devenir financièrement libre, ou pour atteindre l'indépendance financière. Le secteur financier recommande généralement un taux d'épargne de 10 % de votre revenu. Je ne pense pas que ce soit un bon conseil. Pour la plupart des gens, cela signifie que leur taux d'épargne sera quelque part entre 150 € et 300 €, en fonction de leur revenu. Si un tel taux d'épargne est mieux que rien, il est encore trop bas pour devenir financièrement libre d'ici dix ou même vingt ans, même avec une stratégie de dividende.

Les exemples du chapitre 4 illustrent cela. Premièrement, la régularité de votre taux d'épargne est importante. Vous devez faire tout votre possible pour ne pas briser la chaîne des contributions mensuelles à votre compte de placement. D'autre part, le niveau de votre taux d'épargne joue également un rôle décisif. Plus vous pouvez investir chaque mois, plus vite l'effet d'intérêt composé fonctionnera en votre faveur. Ainsi, regardez les exemples afin d'obtenir une estimation de combien vous devez économiser pour atteindre votre objectif.

Je peux vous dire d'ores et déjà qu'une fois que vous aurez commencé à épargner et que vous aurez vu les dividendes mensuels arriver, vous deviendrez de plus en plus motivé. Les résultats immédiats vous aideront à rester discipliné et à maintenir votre épargne stable. Cela pourrait même vous motiver à augmenter votre taux d'épargne. Comme avec toutes choses, vous serez plus motivé si vous voyez l'impact de vos efforts mensuels pour vous-même. Vous pouvez voir de vos propres yeux comment les actions que vous possédez paient de plus en plus de dividendes d'un trimestre à l'autre. C'est effectivement très motivant.

La perception du cash-flow dans votre portefeuille d'actions est très différente de la motivation que vous pourriez obtenir des régimes d'épargne habituels ou des polices d'assurance-vie (si toutefois elles fournissent une motivation). Avec cette forme de «placement», vous recevrez, au mieux, un état financier une fois par an. Vous obtenez un chiffre abstrait sur papier qui ne signifie pas vraiment beaucoup pour vous. De plus, l'enthousiasme n'est pas du tout inspiré si l'on considère les taux d'intérêt peu élevés.

J'ai un jour rompu prématurément une assurance-retraite. Il va sans dire que le montant que j'ai récupéré de l'assurance était beaucoup moins que le montant total que j'avais payé, au fil des ans. La raison en était, bien sûr, les coûts administratifs qu'une vente prématurée de mes actions entraînait (c.-à-d. les salaires élevés pour les gestionnaires de la compagnie d'assurance). Pas étonnant que l'employé de la banque, qui m'avait vendu ce « produit » quelques années plus tôt, m'ait fortement conseillé de ne pas vendre prématurément.

2. Comment puis-je établir une liste de surveillance ?

Vous avez peut-être déjà réfléchi aux entreprises ou aux secteurs dans lesquels vous aimeriez investir. Peut-être avez-vous déjà pris des notes et mémorisé un ou plusieurs noms de candidats potentiels. Félicitations ! Vous avez fait le premier pas vers l'établissement d'une liste de surveillance. Chaque investisseur qui adopte une approche assez systématique a une liste de surveillance. Comme son nom l'indique, une liste de surveillance est une liste d'actions que vous observerez régulièrement à partir de maintenant. La liste forme un ensemble à partir duquel vous choisirez vos candidats. Cela ne signifie pas que vous devriez acheter toutes les actions de votre liste tout de suite. Votre liste de surveillance est là pour que vous puissiez suivre les actions dans lesquelles vous n'avez actuellement aucune position. Peut-être n'avez-vous pas acheté, parce que l'action semble trop chère pour vous en ce moment. Ou peut-être n'avez-vous pas l'argent maintenant, ou parce que vous investissez votre capital disponible dans d'autres actions. Cela ne signifie pas qu'il ne sera pas possible pour vous d'acheter les actions dans un avenir proche ou lointain, si une bonne occasion se présente. C'est exactement la raison pour laquelle vous avez une liste de surveillance, afin que vous puissiez examiner les actions qui vous intéressent de temps en temps.

Il n'y a aucune raison de se précipiter pour mettre sur pied une liste de surveillance, comme si vous pourriez manquer les meilleures opportunités dans le monde si vous n'avez pas terminé votre liste aujourd'hui. Au contraire. Vous devriez plutôt construire votre liste progressivement, tout comme vous devriez construire votre portefeuille d'actions progressivement. De temps en temps, à votre liste, vous ajouterez un candidat qui, selon vous, pourrait devenir intéressant dans un avenir plus ou moins proche. Bien sûr, vous pouvez également supprimer une action de votre liste si elle ne convient plus à vos critères. En ce qui concerne les critères de sélection qui sont importants pour moi, j'ai essayé de rendre les choses aussi claires et simples que possible. J'ai formulé quatre questions que je me pose toujours avant de mettre une action sur la liste. Ces quatre questions représentent la liste de contrôle que j'utilise pour vérifier la pertinence des candidats potentiels. Veuillez noter que cette liste est la mienne. Cette liste est basée sur les critères que j'utilise avant d'acheter. Si vos critères sont différents, ou si vous avez d'autres critères, vous devriez les ajouter à votre liste de questions.

Ma première question est la suivante :

Y a-t-il une mise en garde éthique contre l'achat de cette action ?

Cette question peut surprendre certaines personnes, mais à mon avis, il n'est pas logique d'investir dans une entreprise si vous considérez que le produit ou le service de cette entreprise est répréhensible ou insensé. Même si l'entreprise a d'excellents chiffres d'affaires, qu'elle a régulièrement augmenté ses dividendes pendant des années et qu'elle serait donc un bon candidat pour les investissements, je vous déconseille toujours d'acheter des actions de cette entreprise. Par exemple, je n'achète pas d'actions de compagnies qui sont dans l'industrie de l'armement, parce que je pense que c'est insensé. Raytheon, par exemple, est une société de défense américaine qui est un payeur de dividendes fiable. Cependant, comme c'est le cas dans l'industrie de l'armement, je n'achète pas d'actions de Raytheon. Je suis bien conscient, cependant, que beaucoup d'Américains et de non-américains voient les choses très différemment. Par contre, je n'ai aucun problème avec les actions de tabac. J'aime bien fumer un bon cigare de temps en temps. Par conséquent, je n'ai aucune réserve concernant les actions d'Altria (jusqu'en 2003 Philip Morris), qui produit la marque bien connue Marlboro. Altria est connu pour payer un dividende élevé. Les fumeurs sont des clients fiables.

Depuis 2018, j'ai eu un problème avec l'action allemande de Bayer. Comme vous le savez peut-être, Bayer a acheté Monsanto en 2018. Monsanto produit des graines et des herbicides. L'entreprise utilise également la biotechnologie pour produire des cultures génétiquement modifiées ; elle produit aussi entre autres l'ingrédient actif controversé qu'est le glyphosate. Des raisons suffisantes pour ne pas avoir d'actions de Bayer dans mon portefeuille. Je ne veux tout simplement pas encourager cela, même si les actions de Bayer seraient un bon achat du point de vue de l'investissement. Je veux pouvoir dormir la nuit et je ne veux pas accumuler mon capital de retraite en soutenant un tel produit. Cependant, j'imagine que certains investisseurs verraient cela différemment. Tout le monde est libre d'acheter ce qu'il ou elle pense être bon, et je pense que tout le monde devrait avoir cette liberté.

La deuxième question peut aussi surprendre, mais à mon avis, elle est aussi fondamentale que la première.

Est-ce que je comprends les affaires de cette entreprise ?

En ce qui concerne cette deuxième question, j'aimerais mentionner le plus célèbre investisseur de notre temps, Warren Buffet. Buffet détient des parts importantes dans Coca Cola, McDonalds et Kraft Heinz (ketchup à la tomate Heinz). Vous pouvez penser ce que vous voulez de ces compagnies, mais il y a peu de personnes à qui vous auriez à expliquer ce que McDonalds fait, ou ce qu'est le Coca Cola ou le ketchup. Ce sont des produits de tous les jours que tous les enfants connaissent. Buffet a également acheté des actions dans Apple (sa société Berkshire Hathaway détient une participation de 5,6 % dans Apple). Même si Apple est une société de technologie, ça ne devrait pas être un problème d'expliquer les produits de cette société à un enfant de dix ans (il se pourrait même que l'enfant de dix ans en sache plus que vous sur les produits Apple...). Buffet a également des parts dans les trois plus célèbres sociétés de cartes de crédit Visa, Mastercard et American Express. Aujourd'hui, tout le monde a une carte de crédit. Même le jeune de dix ans, soit dit en passant (dans certaines institutions financières à partir de l'âge de sept ans !). Ce «produit» n'a pas besoin d'une explication complète.

La troisième question que je me pose est la suivante :

Est-ce que je voudrais hériter des actions de cette société ?

Cette question peut aussi être inattendue, au début. Si vous commencez tout juste à investir, la dernière chose qui vous préoccupera probablement est de savoir si vos enfants aimeront que vous ayez une part spécifique dans votre portefeuille. Cependant, c'est exactement la question que vous devriez vous poser. Je vais faire avancer les choses. Si vous deviez décider lequel des deux produits suivants serait encore sur le marché dans 40 ans : Tesla ou Coca-Cola, lequel choisiriez-vous ? Eh bien, je suis sûr que Coca-Cola sera toujours là. Avec Tesla, je ne suis honnêtement pas sûr.

La question porte aussi sur la probabilité. Nicolas Taleb, l'auteur bien connu du *Cygne Noir* attire notre attention sur l'effet Lindy dans son livre *Antifragile, les bienfaits du désordre*. En termes simples, cet effet explique que la probabilité qu'un produit existe encore pour les cent ans à venir est beaucoup plus élevée pour un produit d'une centaine d'années que pour un produit qui n'est sur le marché que depuis quinze ans. L'iPhone existera-t-il encore dans cent ans ? Pour être honnête, je ne parierais pas ma vie là-dessus. Cependant, je peux bien imaginer que dans cent ans, il y aura encore des bicyclettes sous une forme ou une autre.

Comme vous pouvez le voir, ce n'est pas trop difficile. En ce sens, en tant qu'investisseur en revenu, je mettrais mon argent dans des entreprises qui ont un modèle d'affaires à long terme. Par exemple, je favorise les entreprises qui se spécialisent dans la fourniture de l'infrastructure pour rendre l'eau du robinet disponible dans tous les ménages. Je préfère ne pas prendre en considération une entreprise qui vient de développer une application qui vous permet de commander un taxi facilement (même si cette idée peut être pratique et ingénieuse). En ce sens, la question de savoir quels actions vous choisiriez d'hériter ne semble pas si farfelue. Après tout, en trente ans, vous voulez toujours profiter des dividendes pour lesquels vous avez tant économisé, non ?

Enfin, et ce n'est pas la moindre, la quatrième et dernière question :

Est-ce que cette compagnie va payer un dividende assez intéressant pour moi ?

Cette question, qui n'est pas la dernière par pure coïncidence, semble aller de soi. Bien sûr, je veux un dividende intéressant quand j'achète des actions. C'est pour ça que je les achète. Amazon est sans aucun doute une grande entreprise. Malheureusement, il ne paie pas de dividendes, parce que la philosophie de son fondateur, Jeff Bezos, est d'investir chaque dollar de profit dans de nouveaux secteurs d'activité. Peut-être que cela va-t-il changer un jour. Cependant, tant qu'Amazon ne paie pas de dividendes (avril 2020), Amazon ne sera pas sur ma liste de surveillance. Je pense que cela en dit long.

J'ai déjà abordé ce sujet dans le chapitre « Dividendes élevés ou croissance des dividendes ». Néanmoins, il vaut la peine de le répéter ici. Un «dividende attractif» n'est pas le même pour un jeune homme de vingt ans ou pour un cinquantenaire. Plus vous disposez de temps pour investir, plus vous devriez vous concentrer sur la croissance du rendement des dividendes. Par conséquent, il est logique pour un jeune de 20 ans d'acheter des actions dans Facebook, qui a un rendement du dividende de 2% aujourd'hui (en mars 2020). Cela suppose que Facebook augmentera considérablement son dividende au cours des dix à vingt prochaines années, et aura les moyens de le faire. Si vous êtes déjà dans la cinquantaine, il vaut mieux chercher des actions qui paient un dividende plus élevé. Un rendement de 4 % est le minimum auquel vous devriez vous attendre, et seulement si le rendement du dividende est stable et augmente régulièrement.

Il est préférable de trouver des actions avec un rendement de dividende de 5% ou plus. Pour quelqu'un dans la cinquantaine, le «temps» est trop court pour profiter en conséquence de l'effet d'intérêt composé d'une forte croissance du dividende. Ces gens doivent augmenter une autre variable, soit le taux d'épargne, soit un dividende plus élevé.

Par dividende attractif, j'entends aussi que les dividendes des entreprises prises en considération auraient dû augmenter de façon continue au cours des dix dernières années (de préférence aussi pendant la crise financière de 2008). Par conséquent, je préfère les sociétés qui ont une longue histoire de dividendes. Si je fais une exception, vous pouvez être sûr que je vais analyser en profondeur la société, dans une tentative de trouver suffisamment de raisons pour lesquelles je devrais acheter l'action malgré tout.

3. Quel genre d'actions Warren Buffett achète-t-il?

Warren Buffett a presque atteint le statut de saint dans la communauté des investisseurs. Pour des millions d'investisseurs du monde entier, ce que Buffett achète, ou dit, semble être la mesure de toutes choses. Eh bien, je n'irais pas si loin. Ne vous méprenez pas. Ce que Buffett a accompli est sans précédent et nous pouvons beaucoup apprendre de lui en ce qui concerne que l'investissement axé sur le revenu. Mais, cela ne signifie pas que vous devriez simplement acheter ce qu'il achète.

Buffett a donné l'exemple suivant pour évaluer une entreprise. Supposons que vous aimeriez acheter une ferme. Comment envisagez-vous l'achat? Voudriez-vous d'abord essayer de savoir combien vous pourriez la revendre plus tard ? Ou seriez-vous davantage préoccupé par la taille de la ferme, le type de revenu que vous pourriez produire par hectare, vos coûts et les bénéfices que la ferme pourrait générer ? J'espère que vous avez deviné que Buffett s'intéresse à la deuxième question. Et il applique ce principe à chaque investissement qu'il fait, qu'il s'agisse d'une ferme ou de tout autre type d'entreprise.

Maintenant, il y a beaucoup d'entreprises sur le marché boursier, pour lequel il pourrait être très difficile de comprendre quel cash-flow ils pourraient générer pour vous au cours des dix prochaines années. Pour la plupart des entreprises, il y a tout simplement trop de facteurs inconnus qui rendent impossible une évaluation raisonnable. Il devrait être clair que les entreprises «Tesla» ou celles d'un autre nom hyped-up ne seront pas sur la liste de surveillance de Buffet.

Si l'on pouvait décrire le processus de sélection des titres de Buffet, il faudrait procéder comme suit :

- À partir de l'ensemble des entreprises, filtrez celles pour lesquelles vous pouvez raisonnablement prédire les cash-flow pour les dix prochaines années.

- Retirez de la liste les entreprises dirigées par des gestionnaires incompétents.

- Du groupe restant, essayez de déterminer la valeur intrinsèque de l'entreprise.

- Achetez des actions de la société si vous pouvez les obtenir à un rabais de 50%.

Maintenant, il est parfaitement clair pour moi que cela peut sembler «simple», mais en réalité, ce n'est pas quelque chose que beaucoup d'investisseurs peuvent faire. Comment jugeriez-vous si la direction d'une entreprise est «compétente» ? De plus, comment pourrez-vous déterminer la valeur « intrinsèque » d'une entreprise ? C'est aussi la raison pour laquelle je n'utilise pas les critères de Buffett. Je ne suis tout simplement pas en mesure de le faire. Néanmoins, il est logique de regarder le portefeuille de Buffett, parce que vous pouvez toujours apprendre de lui. Je ne recommande pas d'acheter exactement ce que Buffett achète, comme le font certaines personnes. Vous n'avez pas les ressources dont Buffett dispose. De plus, vous n'avez certainement pas les moyens financiers d'acheter des entreprises comme lui.

La chose la plus essentielle que vous pouvez apprendre de Buffet est probablement le bon sens dans l'investissement. Achetez ce que vous comprenez, et achetez quand vous pouvez obtenir les actions à un rabais décent. C'est tout ce qu'il y a à dire à ce sujet. Buffet achète des actions des meilleures entreprises du monde quand elles sont bon marché. C'est exactement ce que vous devriez faire.

4. Pourquoi je préfère les actions Américaines

Bien sûr, il y a d'excellents payeurs de dividendes en Europe, en Asie et en Amérique du Sud. Si vous trouvez un titre que vous aimez dans ces régions du monde, rien ne vous empêche de l'avoir dans votre portefeuille. La raison pour laquelle je préfère les actions nord-américaines (c'est à dire les actions américaines et canadiennes), c'est la culture favorable qu'ont ces pays vis-à-vis des actions. Aux États-Unis, les actions sont un investissement naturel pour la retraite et sont même encouragées par l'État. L'attitude à l'égard des actions est tout simplement beaucoup plus favorable aux États-Unis qu'en Europe, par exemple. Pas étonnant que, en pourcentage, il y ait beaucoup plus d'Américains que de Français qui possèdent des actions.

Je préfère également les actions américaines, car bon nombre d'entre elles ont une histoire de dividendes beaucoup plus longue et plus robuste. En outre, de nombreuses entreprises aux États-Unis sont bien plus attrayantes que la plupart des actions européennes, en termes de fondamentaux. Les politiciens, qu'ils soient démocrates ou républicains, soutiennent activement les entreprises et font de leur mieux pour les promouvoir. C'est quelque chose qu'on ne peut pas toujours dire sur les politiciens en Europe...

De plus, il y a simplement beaucoup plus de payeurs de dividendes aux États-Unis qu'en Europe. Il y a plus qu'assez d'actions disponibles, avec lesquelles construire un portefeuille différencié. Cependant, il y a une autre raison importante pour laquelle je choisis les actions américaines plutôt que les actions européennes, pour ma stratégie de dividende. La crise de Corona l'a encore une fois montré clairement. En Allemagne, lors de l'assemblée générale annuelle, le conseil d'administration propose le montant du dividende, qui doit être approuvé à la majorité simple. Durant la crise du coronavirus, toutes les assemblées générales prévues pour avril ou mai ont été annulées. Certaines entreprises ont saisi cette occasion pour réduire, voire suspendre, le dividende. La BCE (Banque centrale européenne) a demandé aux banques de renoncer aux dividendes. La France a même interdit le versement de dividendes à des entreprises qui recevraient une forme quelconque de soutien de l'État en raison de la crise du coronavirus.

Aux États-Unis, le conseil d'administration d'une société approuve le montant du dividende chaque trimestre. Même si elle devait être suspendue une fois, en raison de circonstances exceptionnelles, les investisseurs pourraient au moins espérer qu'elle serait versée au prochain trimestre, alors que la plupart des investisseurs en actions européennes devraient attendre une année entière jusqu'à la prochaine assemblée générale annuelle. Ce n'est pas une bonne nouvelle pour un investisseur axé sur le revenu.

Malgré tout l'enthousiasme pour les actions américaines, il ne faut pas ignorer les risques. Si vous détenez des actions américaines et que vous en recevez des dividendes, vous serez bien sûr payé en dollars. Cela signifie que vous êtes toujours exposé à un certain risque de change ; votre compte de placement n'est pas en dollars. Si le dollar est fort, vous obtiendrez moins d'euros pour vos dividendes américains et vice versa. Toutefois, d'après mon expérience, les fluctuations de la devise s'équilibrent au fil du temps. Parfois, vous bénéficiez du dollar, mais parfois non.

Bien sûr, vous ne devriez pas acheter des actions américaines si vous ne croyez pas en la force de l'économie américaine. À mon avis, c'est encore le plus fort au monde, quoi qu'en disent certains. La Chine est loin d'être au même niveau que les Américains aujourd'hui. Si cela devait changer un jour, je devrai revoir mon focus sur les actions américaines. Néanmoins, tant que les choses vont bien aux USA, je vais jouer le jeu.

5. Qui sont les *rois du dividende* ?

Les *rois du dividende* sont les meilleurs des meilleurs, en termes de longévité des dividendes. Un roi du dividende est une action dont le dividende a augmenté pendant cinquante années consécutives ou plus. Ce n'est pas un mince exploit si l'on considère ce qui peut arriver en 50 ans. Ces entreprises ont survécu à des périodes d'inflation et de déflation. Elles ont survécu au krach de 1987, à la bulle Internet et à la crise financière. De plus, elles ont continué à payer leurs dividendes malgré tout, et les ont même augmentés d'année en année ! Il y a actuellement 30 rois du dividende aux États-Unis (en mars 2020). Vous trouverez certainement des candidats appropriés pour votre portefeuille sur cette liste. Bien sûr, il ne faut pas acheter aveuglément la liste. Certaines de ces actions peuvent être surévaluées. Quoi qu'il en soit, je suis certain que presque tous les investisseurs axé sur le revenu ont certains des rois du dividende dans leur portefeuille. Par conséquent, la liste est un bon endroit pour commencer à construire votre portefeuille.

Il y a aussi des chiffres impressionnants qui parlent pour les rois du dividende. Un investissement de

100 000 USD dans l'indice S&P 500 en 1991, aurait atteint près de 1,4 million de dollars à la fin de 2017, à un taux de croissance annuel moyen de 10,2 %. En comparaison, le même investissement dans les rois actuels de dividende aurait augmenté à environ 3,2 millions de dollars, représentant un rendement annuel de 13,8%.

Un rendement annuel de 13,8% dans l'environnement sans intérêt d'aujourd'hui ? Oui, c'est une raison suffisante pour examiner la question, je crois.

Il existe aussi les *aristocrates du dividende*. Ces entreprises ont des actions qui ont augmenté leurs dividendes pendant 25 années consécutives ou plus, et qui figurent sur la liste de l'indice S&P 500.

Personnellement, je trouve que 25 ans, c'est aussi impressionnant. Pas encore un roi, mais certainement bien sur le chemin d'en devenir un. Par conséquent, il est logique d'examiner la liste des aristocrates du dividende, ainsi, vous pourriez trouver plusieurs perles de dividendes ici aussi.

Malgré tout l'enthousiasme pour ces sociétés, vous ne devriez pas acheter un roi ou un aristocrate par hasard, simplement parce que vous l'aimez. Bien que ces actions puissent également avoir une longue histoire de dividendes, cela ne garantit aucunement qu'elles continueront à le faire à l'avenir. De temps en temps, une action disparaît de la liste parce que la société se trouve soudainement incapable de tenir sa promesse.

Lorsque vous faites vos recherches, vous devez vous assurer que l'entreprise n'est pas en difficulté en raison d'une crise, ce qui pourrait entraîner des réductions de dividendes. Parfois, vous devrez vendre une action que vous avez déjà achetée pour cette raison. Bien que vous soyez un investisseur orienté long terme, vous devriez tout de même garder un œil attentif sur votre portefeuille.

6. Comment ouvrir un compte de courtier ?

Si vous n'avez jamais acheté d'actions auparavant, vous pouvez vous sentir un peu dépassé et ne pas vraiment savoir par où commencer. Tout d'abord, vous avez besoin d'un compte de courtier. C'est la même chose qu'un compte courant, sauf que ce n'est pas de l'argent, mais des actions qui sont stockées.

En principe, vous pouvez ouvrir ce compte à votre banque. Cependant, je vous déconseille de le faire parce que vous paierez habituellement des frais élevés pour acheter (et vendre) des actions. Bien que les choses aient beaucoup évolué ces dernières années, il semble plus sage de choisir un courtier en ligne. La meilleure chose à faire est de comparer d'abord les prix et les performances des fournisseurs. Il y a plusieurs sites Web spécialisés, facile à trouver sur Google, qui ont déjà fait cela pour vous.

Contrairement à votre banque, les courtiers en ligne n'exploitent pas de succursales. Ils n'existent que sur Internet, pour ainsi dire, mais ne vous inquiétez pas ; vous pouvez habituellement les appeler si vous avez une question. Ainsi, les courtiers en ligne n'ont généralement qu'un seul site Web où vous pouvez vous connecter pour accéder à votre portefeuille.

Dès que vous avez ouvert le compte avec votre courtier et déposé l'argent, vous êtes prêt à partir. La plupart des courtiers vous permettront d'accéder aux marchés financiers les plus importants. Cela signifie que vous pouvez acheter des actions de partout dans le monde avec seulement quelques clics.

En ce qui concerne le dividende, vous n'avez rien à faire. Dès que les actions d'une société donnée sont dans votre compte, vous verrez que le dividende est crédité sur votre compte après la date du dividende. Chaque fois que vous recevez un dividende, votre solde de trésorerie augmente.

Tous les bons courtiers en ligne ont un permis de courtier. Ils doivent tous réussir *l'examen de la série 7* de la FINRA, qu'on appelle aussi l'examen général des représentants inscrits en valeurs mobilières. L'examen de la série 7 couvre les règles et règlements de la Securities and Exchange Commission (SEC) (si elles font des affaires aux États-Unis). La Securities and Exchange Commission (SEC) supervise et contrôle tous les secteurs financiers aux États-Unis. Elle a également pour mission de protéger les consommateurs pour tous les produits et services financiers.

La question de savoir si le courtier a un permis est importante. Malheureusement, certains moutons noirs, qui essaient de le faire sans licence, ne cessent de surgir, en particulier sur Internet. Si vous voulez en être sûr, vous devriez vérifier la base de données de la SEC pour voir si le courtier y est inscrit. Vous trouverez la liste des licenciés sur le site Web de la SEC : https://www.sec.gov/

Je prendrais aussi le temps de choisir un courtier convenable. Après tout, il est la porte d'entrée par laquelle vous aurez accès au monde des actions. Qui plus est, vous aurez votre compte de titres avec lui. Vous voulez certainement savoir que votre argent est en sécurité avec lui. Strictement parlant, votre argent n'est pas avec votre courtier, mais dans une banque renommée. Le compte auquel vous transférerez votre capital de départ, pour l'achat d'actions, est et devrait être séparé des actifs de votre courtier. Ce compte est donc appelé un compte distinct. Vérifiez si c'est effectivement le cas avec votre courtier. Si vous n'avez aucune expérience avec les courtiers en ligne, il vaut la peine de regarder les sites Web qui font une «comparaison de courtiers». Ces sites vérifient les courtiers pour la sécurité, la qualité du service, la structure des frais et le dépôt minimum. En ce qui concerne l'ouverture d'un compte, avec de nombreux courtiers, vous pouvez le faire 100%

en ligne. Cependant, ce n'est pas toujours le cas. Alors, informez-vous. Si votre courtier demande les documents par la poste, cela peut prendre dix jours avant que votre compte soit actif. L'étape suivante consiste à transférer votre capital de départ dans le compte de référence de votre courtier. Dès qu'il est arrivé là, vous pouvez commencer à investir. Il y a des courtiers comme « Interactivebrokers » qui, par exemple, exigent un dépôt minimum de 10 000 USD pour ouvrir un compte avec eux. En retour, vous obtenez l'accès à tous les marchés mondiaux. D'autres courtiers comme E*TRADE ou Charles Schwab, ne nécessitent pas de dépôt minimum. Vous devez tenir compte des critères suivants lorsque vous cherchez un courtier approprié pour un portefeuille de dividendes :

- Gestion de portefeuille gratuite

- Paiement de dividendes sans frais

- Pas de taux de dépôt négatif

- Négociation sur toutes les places boursières américaines et internationales les plus importantes

- Coût par commande

La structure des coûts est importante, surtout si vous avez peu de capital de démarrage. Le «App Broker» Robinhood, un pionnier de l'investissement sans commission, le rend extrêmement adapté pour les nouveaux investisseurs.

Ce courtier n'a pas d'investissement minimum et pas de frais d'entretien, et aucune commission n'est facturée. Je suppose qu'un plus grand nombre de courtiers sans commission entreront sur le marché au cours des prochaines années, également en Europe, en Amérique du Sud et en Asie. Ils suivraient une tendance qui existe déjà depuis un certain temps aux États-Unis. De nombreux courtiers traditionnels ont déjà emboîté le pas et offrent des transactions boursières à coût nul.

Un autre développement passionnant aux États-Unis : *les actions fractionnées*. Jusqu'à présent, la plus petite unité que vous pouviez acheter en tant qu'investisseur était *une* action. La numérisation permet à une personne d'acheter la moitié d'une action ou même des unités beaucoup plus petites. «Est-ce que cela a du sens ?» pourriez- vous vous demander.

Je pense que oui. Supposons que vous êtes un jeune étudiant et que vous voulez acheter des actions d'une société dont les actions se négocient à 75 €. Si vous n'avez que 30 € à investir, vous pouvez acheter, par exemple, une part de 1/3 de l'action. Vous investiriez alors 25 € dans cette action.

Les fractions d'actions sont également intéressantes pour les plans de réinvestissement des dividendes (DRIP). Prenons le même exemple. Vous avez acheté 1/3 d'une action et recevez votre premier dividende. Il s'agit actuellement de 3,95 €. Par souci de simplicité, je laisserai l'impôt hors du calcul. Par conséquent, vous obtiendrez 1/3 de 3,95 ou 1,31 €. Avec un programme DRIP, vous décidez de réinvestir le dividende dans la même action, immédiatement. Par conséquent, le programme achète des actions pour 1,31 €, pour un cours de l'action de 75 €, ce serait 1/74 de l'action.

Cela peut sembler un exercice de division de cheveux pour certains, mais, si vous avez compris le chapitre sur l'intérêt composé, à long terme, il ne l'est pas. Surtout pour les jeunes qui ont peu d'argent, investir dans les dividendes est très intéressant maintenant, même s'ils ne peuvent investir que de petites sommes comme 20 € par mois.

Supposons qu'un jeune de 15 ans commence sa carrière d'investissement comme celle-ci aujourd'hui. Il réussit à économiser 20 € par mois et l'investit en actions de dividendes, grâce à des fractions d'actions. Supposons que ce montant reste constant tout au long de sa vie, donc même lorsqu'il commence à travailler, il n'investit que 20 dollars par mois. Quelle sera la taille de ses actions lorsqu'il atteindra l'âge de 65 ans ?

Réponse : 346 487 €. Il aurait économisé et investi un total de 12 000 €. Les intérêts et intérêts composés s'élèveraient à 334 487 €. Autrement dit, 96,54 % de ses actifs auraient été gagnés au moyen d'intérêts. Pour le calcul, j'ai supposé une croissance annuelle moyenne du portefeuille d'actions de 10%. Cela comprend une croissance annuelle de 7 % du S&P 500, des dividendes de 3 % et du DRIP, c'est-à-dire un réinvestissement immédiat des paiements de dividendes. Ce calcul suppose également que l'investisseur achète tous les mois, peu importe à quel point se situe l'action dans le marché boursier. Soit dit en passant, les actifs de notre courageux investisseur vaudraient déjà plus de 1,5 million d'euros si ses parents avaient été assez intelligents pour commencer à investir ces 20 € pour lui chaque mois à partir du jour de sa naissance, mais ça, c'est juste une parenthèse. Nous le savons tous, c'est la faute de ta grand-mère si tu n'es pas riche.

Comme vous pouvez maintenant le constater, il est judicieux pour les jeunes de commencer à investir dès leur plus jeune âge, même avec des sommes minimes. Tout d'abord, ils apprennent à investir et ils peuvent faire toutes les erreurs du monde avec leur tout petit enjeu. Plus vite vous ferez toutes les erreurs, plus vite vous apprendrez. Deuxièmement, avec les histoires de Grace Groner, Donald Read et Anne Scheiber, j'ai voulu montrer l'importance de la durée de la période d'investissement. Plus elle est longue, plus l'effet d'intérêt composé peut fonctionner. Il n'y a aucune excuse pour quiconque de s'abstenir d'investir. De toute façon, 90% de la population ne peut pas se permettre de *ne pas* investir.

7. Qu'est-ce que le International Securities Identification Number (ISIN) ?

Afin de trouver l'action dans la liste des milliers d'actions dans le monde, il est généralement suffisant d'entrer son nom : DANONE ou son abréviation : BN.

Le International Securities Identification Number (ISIN) ou code ISIN est un numéro international d'identification des titres. Il est devenu de plus en plus répandu à l'échelle internationale. Il s'agit d'une combinaison à douze chiffres qui sert à identifier les titres négociés en bourse. L'ISIN de DANONE : FR0000120644

Aux États-Unis, cependant, les symboles des actions sont encore en usage. À un moment donné, vous connaîtrez les plus importants. Tout le monde dans la communauté des investisseurs sait, par exemple, que AAPL signifie Apple, ou MFST pour Microsoft.

8. Quelles actions de dividendes devrais-je acheter maintenant ?

Il existe une formule simple pour savoir si une entreprise est un bon candidat pour votre portefeuille. Vous devriez être guidé par des considérations à long terme plutôt que des considérations à court terme. Une entreprise peut payer un dividende élevé maintenant, mais ne toujours pas être un bon candidat.

Les dividendes sont versés à même les liquidités de l'entreprise. Si, par exemple, le dividende actuel n'est pas payé à même les liquidités de la société, mais à partir d'un prêt, c'est déjà un signe d'avertissement pour moi. Par conséquent, il est logique d'examiner le développement du cash-flow d'une entreprise. On peut consulter les caractéristiques fondamentales d'une entreprise sur l'une des nombreuses pages financières sur Internet. Vous trouverez généralement l'essentiel : historique des dividendes, résultats et cash-flow.

Que fait-on si on ne veut pas s'occuper des fondamentaux ? Certains lecteurs peuvent être capables de lire un bilan. Ils ont l'éducation qui leur permet d'interpréter les chiffres disponibles et de prendre une décision d'investissement en fonction d'eux. Mais, la majorité des investisseurs ne sont pas en mesure de le faire et n'ont pas le temps de traiter ces questions (et généralement ne veulent pas).

De plus, il faut se rendre à l'évidence : si vous ne pouvez investir que 100 euros dans les actions d'une entreprise, il n'est guère logique, à mes yeux, d'étudier le bilan. Quoi qu'il en soit, la question est de savoir si vous seriez en mesure de tirer quelque chose des chiffres que toutes les armées d'analystes avant vous ont été incapables de recueillir. Pensez-vous vraiment que vous pourriez trouver quelque chose de nouveau sur Apple, McDonalds ou Nestlé, que les analystes des grandes banques auraient négligée ? Je ne crois pas.

À mon avis, il suffit de lire quelques bonnes analyses sur l' action (et j'espère les comprendre, car vous ne devriez acheter que ce que vous comprenez). Vous pouvez alors être en mesure d'examiner et de comparer les opinions de certains blogueurs de dividendes, mais vous ne devriez pas passer trop de temps sur cela. Tant que vous n'investissez que de petites sommes d'argent et que votre taux d'épargne mensuel est de 100 € ou 200 €, vous devriez plutôt consacrer votre temps et votre énergie à augmenter votre taux d'épargne. À mon avis, c'est beaucoup plus important que de passer des week-ends entiers à réfléchir sur l' action dans laquelle vous devriez investir vos prochains 200 €.

De plus, le choix des candidats potentiels n'est pas si grand. Regardez les portefeuilles de la plupart des investisseurs en dividendes. Ils investissent tous dans les mêmes actions. Que ce soit parmi les aristocrates dividendes ou les dividendes rois, la liste n'est pas sans fin.

Il n'y a absolument aucune raison d'investir dans une société péruvienne complètement inconnue dont personne ici n'a jamais entendu parler. Si vous êtes au début de votre carrière en tant qu'investisseur en revenu, je pense qu'il est préférable de s'en tenir aux Coca Colas, McDonalds, 3Ms et Procter & Gambles de ce monde. Tout le monde sait que ce sont toutes des entreprises qui savent ce qu'elles font et qui ont fait leurs preuves en matière de dividendes. Donc, commencez avec les candidats éprouvés. Plus tard, lorsque vous avez plus d'expérience, vous pouvez ajouter des «pierres précieuses non découvertes» à votre portefeuille.

Cependant, je doute que ce soit nécessaire. Revoyons les principales actions d'Anne Scheiber et de Donald Read. Ces gens ont acheté ce qu'ils connaissaient. De plus, ils en ont acheté de plus en plus avec les dividendes qu'ils ont reçus de ces compagnies. C'est la méthode éprouvée. Alors, n'essayez pas de réinventer la roue.

Si vous avez accumulé des sommes d'argent importantes dans une action un jour, vous serez certainement plus impliqué avec elle. L'investissement de revenu est un marathon. Ce n'est pas un sprint. C'est quelque chose qui se développe avec le temps. Vous êtes sur un voyage qui va prendre des années et peut-être même des décennies. Par conséquent, il n'est pas nécessaire de se précipiter et d'investir tout votre argent le premier jour.

Souvent, il vaut mieux attendre un peu. Certains investisseurs axé sur le revenu peuvent attendre des années avant d'avoir la chance d'acheter des actions dans une entreprise particulière. Par exemple dans les années 2015 à 2019, où la plupart des actions américaines étaient en hausse constante, il était devenu de plus en plus difficile de trouver des candidats appropriés. La plupart des bons payeurs de dividendes étaient devenus si chers qu'il devenait de plus en plus difficile de trouver des actions convenables. Cependant, lorsque, à la suite de la crise du coronavirus, certains de ces actions ont soudainement baissé de 40 ou 50 %, il y a soudainement eu plus d'occasions d'acheter. Alors, rappelez-vous : maintenant que les médias prédisent le plus grand crash de tous les temps, vous trouverez exactement les opportunités que vous attendez depuis des années.

9. Comment fonctionne la méthode du coût moyen en dollars ?

Le calcul de la moyenne des coûts en dollars est une stratégie populaire pour créer des positions d'investissement au fil du temps. Avec cette méthode, vous investissez des montants égaux de dollars dans le marché à intervalles réguliers. Cela signifie que vous serez en mesure d'acheter moins d'actions lorsque les prix sont élevés et plus lorsque les prix sont bas.

Figure 5 : Achat d'une position boursière au moyen d'une moyenne des coûts en dollars

achat	montant investi	cours action	total actions
1	$1,000	$100	10
2	$1,000	$80	12
3	$1,000	$60	16
4	$1,000	$40	25
5	$1,000	$20	50
total	**$5,000**	**$ 44,25**	**113**

Regardez l'exemple hypothétique dans le tableau ci-dessus. Supposons que je voulais établir une position de 5 000 $ dans une action particulière. Au lieu d'investir la totalité du montant à la fois, j'achète d'une manière «échelonnée». Bien sûr, le meilleur moment pour acheter est lorsque le cours de l'action diminue. Dans notre cas hypothétique, j'aurais acheté la première position à 100 $. Par conséquent, puisque je veux investir 1000 $ au premier achat, je peux acheter dix actions. Supposons que trois mois plus tard, l'action se négocie à 80 $. Si je veux investir 1000 $ supplémentaires, grâce au prix plus favorable, je peux maintenant acheter douze actions. Je continue d'acheter des actions, jusqu'à ce que ma position soit complète. Comme vous pouvez le voir, j'ai acheté à des prix différents. Parfois à un taux très élevé (100 $), parfois à un taux très bas (20 $). Au final, j'ai acheté un total de 113 actions. Si j'avais investi mes 5000 $ d'un seul coup, au prix de 100 $, je n'aurais que 50 actions !

Maintenant, on pourrait soutenir qu'il aurait été préférable d'attendre jusqu'à ce que le prix était à 20 $. Ensuite, j'aurais pu acheter 250 actions avec mes 5 000 $. Mais malheureusement, à moins que vous ayez une boule de cristal, vous ne savez pas quand les actions tomberont à 20 $.

Donc, comme je n'ai pas de boule de cristal, j'utilise cette méthode échelonnée dans mes achats d'actions. Je suis heureux lorsque le prix de mes actions baisse, car alors je peux augmenter ma position et acheter plus, tout comme dans l'exemple hypothétique ci-dessus.

En fait, j'ai acheté pour moins que la moyenne arithmétique des cinq achats. Si vous ajoutez les cinq achats, puis divisez par cinq, vous obtenez une moyenne arithmétique de 60 $ par action. En fait, j'ai payé une moyenne de seulement 44,25 $ par action pour acheter ma position entière. C'est parce que je peux acheter plus d'actions à des prix plus bas, que je peux le faire à des prix plus élevés. C'est la beauté de cette méthode.

Donc, ne faites pas l'erreur (souvent par impatience !) d'investir tout votre argent dans une action particulière, tout à la fois, juste parce que vous le voulez dans votre portefeuille. L'impatience est l'un des plus grands vices de l'investissement. Comme l'exemple le montre clairement, la patience rapporte vraiment. Il faut aussi se rappeler que, bien que le cours d'une action puisse diminuer, cela ne signifie pas que le montant du dividende diminuera également. Bien au contraire. Nous avons déjà vu que les bons payeurs de dividendes continuent de payer leurs dividendes, même en période de crise et parfois même, ils les augmentent ! La force de cette méthode est donc évidente. Si le cours de l'action baisse, je peux acheter plus d'actions, et le rendement du dividende est plus élevé.

Supposons qu'une société paie actuellement 3 € par action en dividendes. Si vous achetez l'action à 100 €, vous obtenez un dividende de 3 € par action que vous détenez. Votre rendement du dividende serait de 3 %. Si l'action tombe à 50 € et que la société continue de verser un dividende de 3 € par action, votre rendement du dividende augmente à 6 %. Si le cours de l'action tombe à aussi bas que 20 €, vous aurez un rendement du dividende de 15%. Par conséquent, au lieu d'essayer de chronométrer le marché, vous achetez à différents niveaux de prix. Un autre avantage de cette stratégie est qu'elle vous donne une méthode disciplinée pour faire des investissements. Cela est particulièrement vrai si vous économisez régulièrement un montant fixe d'argent. Vous pouvez acheter plus d'actions lorsque le prix est bas et moins d'actions lorsque le prix est élevé.

Avec les courtiers sans commission, vous pouvez augmenter vos positions à tout moment (même les plus petites unités), sans avoir à prendre en compte les coûts de transaction. Vous pouvez le faire sur une base régulière, par exemple en investissant un certain montant d'argent chaque mois ou trimestre. Sinon, vous ne pouvez le faire que lorsque votre action est soudainement devenue beaucoup moins cher, en raison de circonstances exceptionnelles.

Il n'y a pas de bonne ou de mauvaise façon. Au fil des ans, vous constaterez que le moment où vous avez acheté devient de moins en moins important. Il est beaucoup plus important que vous vous en teniez à elle et d'investir régulièrement.

Cette méthode met également les émotions hors-jeu, surtout lorsque le marché boursier bouge fortement. Quelle que soit la cause, dès que le marché boursier commence à trébucher, la peur entre en jeu. Tout à coup, les médias reparlent du marché boursier (ce qu'ils ne font pas dans les bons moments, comme nous le savons). La peur et la panique peuvent se répandre à tel point que certaines personnes regardent le marché boursier comme un lapin regarde un serpent. Au lieu d'entrer sur le marché, ils ne font rien et ratent les meilleures occasions.

Cependant, si vous investissez régulièrement certaines sommes d'argent, vous finirez par ressentir moins d'émotions. Je dis délibérément « moins ». Parce que vous les sentirez encore. Si vous ne l'avez pas déjà fait, il faut un certain cran pour acheter lorsque le prix d'une action dans laquelle vous avez déjà une position a chuté de 30% ou plus. Pourtant, c'est justement le moment où vous devriez acheter ! Il est beaucoup plus tentant d'acheter dans un marché en hausse. Cependant, c'est justement quand vous devriez plutôt garder vos doigts immobiles. J'admets volontiers ici que je ne pouvais pas le faire non plus dès le début. J'ai vraiment dû apprendre à acheter plus lorsque les actions, dans lesquelles j'avais déjà des positions, se négociaient soudainement à un escompte de 50 ou 60 %. C'est exactement ce que vous devriez apprendre. Dans des moments comme ceux-ci, vous posez les bases de votre future indépendance financière.

En tant qu'investisseur en revenus, vous réalisez des profits lorsque les actions deviennent moins chères, aussi paradoxal que cela puisse paraître. Parce que, lorsque le prix est bas, vous pouvez simplement acheter plus d'actions. Plus d'actions dans votre portefeuille signifie plus de dividendes. En outre, plus de dividendes signifie que vous pouvez réinvestir encore plus, ce qui signifie que vous recevrez encore plus de dividendes à un moment donné. J'espère que vous commencez à comprendre la logique derrière cela. De plus, j'espère que vous commencez à comprendre pourquoi les actions de dividendes sont l'un des meilleurs moyens de créer de la richesse à long terme.

10. Qu'est-ce qu'un DRIP (En France : RRD régime de réinvestissement du dividende) ?

Un DRIP, est un plan de réinvestissement des dividendes, un instrument offert principalement par les courtiers nord-américains. Si vous activez « DRIP « pour une action particulière de votre portefeuille, vous ne recevrez pas vos paiements de dividendes en espèces. Le programme DRIP utilise automatiquement les dividendes pour acheter des actions supplémentaires de cette société. Par exemple, si vous avez activé le DRIP pour une action américaine, le programme achètera des actions supplémentaires à la date d'enregistrement, selon le montant du paiement du dividende. Cela se produit habituellement quatre fois par année. Ainsi, le nombre d'actions que vous possédez augmente automatiquement quatre fois par an.

Si le nombre d'actions d'une entreprise augmente, vous recevrez automatiquement plus de dividendes. En retour, plus de dividendes signifie que le programme DRIP peut vous acheter encore plus d'actions, et ainsi de suite.

J'espère que vous voyez l'avantage de ce programme. Avec le temps, le nombre d'actions que vous possédez va « croître » automatiquement. Par conséquent, votre position dans une action particulière augmentera d'un trimestre à l'autre. Le réinvestissement régulier et le facteur temps créent donc un effet d'intérêt composé important. Cet effet est indépendant du cours de l'action et se produit sans que vous ayez à fournir des fonds supplémentaires pour investir dans cette action.

Aux États-Unis, il y a plus de 1000 entreprises et fonds qui offrent des plans DRIP. Toutefois, en tant qu'investisseur, vous pouvez faire réinvestir automatiquement les dividendes de la plupart des entreprises par l'entremise de votre courtier. Il est à noter, cependant, que la plupart des courtiers européens n'offrent pas de plans DRIP et, s'ils le font, ils n'offrent généralement que des plans DRIP pour les actions américaines. Par conséquent, si vous voulez travailler avec des plans DRIP automatisés, vous aurez habituellement besoin d'un courtier américain. Alors, demandez à votre courtier s'il offre des plans DRIP avant d'ouvrir un compte avec lui. Les plans DRIP sont d'un intérêt particulier pour les investisseurs qui veulent que les mathématiques de l'effet d'intérêt composé fonctionnent pour eux à long terme.

11. Pourquoi les payeurs mensuels sont-ils intéressants ?

Au fur et à mesure que vous constituez un portefeuille de dividendes, vous constaterez bientôt qu'il y a des mois où vous recevez beaucoup de dividendes et des mois où vos gains sont moins abondants. Bien sûr, cela a à voir avec le fait que la plupart des entreprises américaines sont des payeurs trimestriels, donc tous les quatre mois, ils paient ¼ du dividende total. Si votre portefeuille est axé sur les mois de mars, juin, septembre et décembre, alors en février ou novembre, vos dividendes pourraient sembler plutôt maigres. Heureusement, toutes les entreprises ne paient pas toutes au cours des mêmes mois. Cela assure une certaine répartition de distribution au cours des douze mois.

Pour certains retraités, qui sont partiellement ou complètement dépendants des dividendes, c'est un détail important. Après tout, vos coûts mensuels sont répartis également sur les douze mois. Vous ne pouvez pas appeler votre fournisseur de téléphone et dire : «Désolé, mais nous n'avons pas reçu de dividendes en février. Nous vous paierons le mois prochain !»

C'est pourquoi les investisseurs expérimentés s'assurent que les paiements de dividendes sont raisonnablement répartis sur les mois. Si vous avez les « poches profondes », ou si vous pouvez régulièrement investir de grandes sommes d'argent, les choses pourraient être un peu plus faciles. Néanmoins, quiconque accorde un peu d'attention à l'équilibre peut résoudre ce problème.

Une façon de parvenir à une bonne distribution mensuelle est d'investir une partie de la somme d'investissement dans ce qu'on appelle *les payeurs mensuels*. Ce sont des entreprises qui versent un dividende chaque mois. Oui, vous avez bien lu. Il y a une telle chose. Il y a même des investisseurs qui se spécialisent précisément dans ces payeurs mensuels, parce qu'ils veulent ou ont besoin d'un dividende mensuel.

De plus, il y a des raisons importantes pour lesquelles on devrait le faire ou pour lesquelles, à mon avis, il est logique d'avoir des payeurs mensuels dans son portefeuille. Outre l'effet stabilisateur de la répartition uniforme sur les douze mois de l'année, il est un fait qu'une fréquence de paiement plus élevée contribue à une croissance plus rapide du portefeuille.

Vous pouvez réinvestir les dividendes plus rapidement avec les payeurs mensuels, surtout si vous avez le temps et ne dépendez pas des dividendes pour le moment. Plus vous le faites souvent, plus votre portefeuille augmente rapidement. Mathématiquement, les payeurs mensuels sont fantastiques.

Vous pourriez penser que cela n'a pas d'importance si vous recevez un dividende de 3 $ par action une fois par an, ou si vous êtes payé 1/12 de ce montant chaque mois. Mais c'est pas le cas. À long terme, vos actifs croîtront plus rapidement avec un payeur de dividendes mensuel, qu'avec un payeur annuel ou trimestriel. Plus vous réinvestissez vos dividendes, plus ils ont de temps pour se multiplier et croître. À long terme, par exemple, dix ou vingt ans, cela fait une différence importante. À un moment donné, l'effet d'intérêt composé deviendra perceptible.

Quand vous commencez, vous ne le remarquez pas. Cependant, après six ans, le rendement mensuel du payeur mensuel est déjà de 50 % supérieur à celui du payeur trimestriel. Après dix ans, il est deux fois plus élevé. Après encore dix ans, avec un payeur mensuel, vous obtenez cinq fois ce qu'un payeur trimestriel génère. C'est pourquoi les payeurs mensuels sont d'excellents instruments, en particulier pour les jeunes qui ont un horizon d'investissement à long terme pour accumuler efficacement leurs actifs.

Il convient néanmoins de faire preuve d'une certaine prudence à l'égard des payeurs mensuels. Un problème avec les payeurs mensuels est qu'ils ont souvent des taux de paiement élevés. Cela signifie que la marge pour les erreurs possibles est plus faible, surtout si l'entreprise est temporairement en difficulté financière. Si vous n'avez que des payeurs mensuels dans votre portefeuille, vous courez le risque qu'un ou plusieurs d'entre eux devront réduire le dividende à un moment donné. Si le taux de versement est très élevé, cela signifie que l'entreprise dispose de peu d'argent pour sa croissance future. En tant qu'investisseur, vous ne devriez pas oublier cela.

Un autre facteur de risque pour les payeurs mensuels est le nombre limité de secteurs dans lesquels ils sont situés. Typiquement, vous trouverez ce type d'actions parmi les REITs (Real Estate Investment Trusts). Ces sociétés investissent dans l'immobilier. Il va sans dire que ces entreprises pourraient avoir des problèmes si une autre crise immobilière survenait.

Il ne fait aucun doute que certaines de ces sociétés offrent un rendement intéressant en dividendes. Ils peuvent apporter une contribution importante à la constitution de vos actifs lorsque vous arrivez à la phase de paiement de votre portefeuille. Cependant, je crois qu'il est important de souligner les risques qui peuvent souvent être cachés ou qui pourraient dépendre de décisions externes, comme les hausses de taux d'intérêt des banques centrales.

Malgré tout le besoin de différenciation, en tant qu'investisseur, vous devez d'abord vous concentrer sur la qualité de l'entreprise. Moi-même, j'essaie de garder un bon mélange de blue chips qui paient trimestriellement et je différencie mon portefeuille avec des payeurs mensuels sélectionnés. De plus, je les surveille. Si l'un d'eux coupe le dividende, ou même le suspend pour une période plus longue, je vends l'action immédiatement, sans égard au profit ou à la perte. Il n'y a tout simplement aucune raison pour un investisseur axé sur le revenu de conserver dans son portefeuille des actions qui ne versent pas (ou plus) de dividendes.

12. À quelle fréquence dois-je vérifier mes actions ?

Même si vous êtes un investisseur axé sur le revenu avec un horizon de placement très long, il est logique de vérifier les actions de votre portefeuille de temps en temps. Si vous avez plus de dix positions (et vous pourriez les avoir relativement rapidement), vous pouvez rapidement perdre la trace des actions que vous détenez. Vous pourriez examiner une action parce que la situation de l'entreprise s'est considérablement détériorée. Cela ne veut pas nécessairement dire que vous devez vendre ces actions, mais vous devrez peut-être garder un œil sur ces actions, compte tenu de la nouvelle situation.

Je le fais habituellement quatre fois par an. Donc, chaque trimestre, je vérifie mes actions. Après tout, je reçois un dividende trimestriel de la plupart des entreprises américaines.

Comme vous pouvez le voir, le temps qu'il faut investir pour maintenir un portefeuille de dividendes est tout à fait gérable. Il n'est nullement nécessaire de lire dix rapports sur chacune de vos actions chaque mois. Si vous aimez cela, ou si vous êtes un pensionné à la recherche d'une beau passe-temps, il n'y a bien sûr rien de mal à cela.

Mais ce n'est pas nécessaire. Il y a même des moments où je ne regarde pas mon portefeuille pendant des semaines, à moins que je veuille faire un achat supplémentaire quelque part. Je laisse à l'intérêt composé le soin de faire son travail, et il vaut mieux laisser son portefeuille tranquille. Il suffit de rester assis et profiter d'être payé mois après mois pour avoir des actions, qui se développent de plus en plus chaque trimestre.

Vous pouvez vérifier la croissance de vos versements de dividendes sur une base mensuelle. Certains investisseurs de dividendes conservent des feuilles de calcul Excel dans lesquelles ils enregistrent leurs dividendes mensuels. De cette façon, vous pouvez surveiller plus efficacement la croissance de vos actifs. Pour certaines investisseurs, ce type de suivi peut les motiver à épargner encore plus, de sorte que les dividendes commencent à affluer encore plus vite. Cependant, cela n'est absolument pas nécessaire, et même les investisseurs qui n'ont le temps de vérifier leurs actions qu'une fois par an peuvent avoir beaucoup de succès.

13. Que faire si le marché boursier s'effondre ?

Lorsque vous parlez aux investisseurs, sur le sujet de la conversation est généralement le *prix* des actions. La plupart des investisseurs sont intéressés à acheter le moins cher possible, puis à vendre l'action à un prix aussi élevé que possible. Autrement dit, à leurs yeux, les bonnes actions sont des actions qui augmentent. Les mauvaises actions sont des actions qui tombent après avoir été achetées. Le cours des actions est ce qui préoccupe la plupart des investisseurs. C'est important, parce que le cours de l'action détermine s'ils réussiront ou non sur le marché boursier.

Selon ma définition, les investisseurs qui se concentrent exclusivement sur le prix des actions ne sont pas des investisseurs. À mes yeux, ce sont des spéculateurs ou des négociants. Il n'y a rien de mal à cela. Si vous voulez trader, vous pariez que le prix va augmenter (ou baisser si vous êtes à court de vente). Il existe d'innombrables stratégies qui ont été conçues pour y parvenir. Un véritable investisseur, par contre, s'intéresse *à la société* dont il détient les actions. Parce qu'il possède des actions, il est devenu copropriétaire de l'entreprise. En outre, les investisseurs axé sur le revenu veulent généralement rester propriétaires pendant une très longue période. Ils veulent cela, parce qu'ils croient en l'entreprise. Ils sont convaincus que l'entreprise continuera de fonctionner avec succès à l'avenir. Ils seront principalement concernés par les résultats opérationnels. De plus, ils sont naturellement intéressés à savoir si l'entreprise continuera de verser un bon dividende (c'est à dire un dividende annuel en hausse).

Ce type d'investisseur voit le marché boursier plus comme une sorte d'enchère, où les prix fluctuent naturellement. Parfois, les actions sont bon marché, parfois, il faut payer plus cher. Puisqu'il est copropriétaire de l'entreprise, il n'a pas l'intention de vendre ses actions, peu importe le prix actuel de ses actions.

Et, si le cours de l'action dans laquelle il détient une position est soudainement négocié à une décote de 30% ou plus dans la «vente aux enchères», cet investisseur est plus enclin à acheter. «Maintenant, elles sont bon marché,» se dit-il. «Cela signifie que je peux acheter plus d'actions.» S'il peut acheter plus d'actions, le paiement du dividende versé par la société augmentera.

En d'autres termes, les investisseurs axé sur le revenu aiment justement quand les actions deviennent «bon marché». Il n'y a absolument aucune raison de craindre un krach boursier. Au contraire. Parfois, ils présentent une occasion parfaite de faire du shopping. Les spéculateurs et les négociants en actions craignent naturellement un krach comme le diable craint l'eau bénite, parce qu'ils vivent de l'augmentation des prix de leurs actions. Si leurs actions tombent, ils perdent de l'argent.

Pour l'investisseur axé sur le revenu, les cours des actions diminuent aussi parfois. Cependant, ils ne paniquent pas, car ils veulent les tenir longtemps (de préférence pour toujours). Ils savent que le cours d'une bonne entreprise finira par se rétablir. L'expérience a montré (et des études l'ont prouvé) qu'après un krach, les actions de dividendes se rétablissent mieux et plus rapidement que les autres actions. Par conséquent, les investisseurs axé sur le revenu ne craignent pas un krach.

Ceux qui ont mis en place un plan d'épargne régulier pour eux-mêmes et qui, par conséquent, achètent des actions sur une base mensuelle, achèteront parfois à un prix élevé et parfois à moindre coût. Personne ne sait à quel moment les prix seront les plus bas ou les plus élevés. Alors, pourquoi devrait-on s'inquiéter à ce sujet ? Laissez cela aux traders et aux spéculateurs.

PARTIE 4 : ALTERNATIVES AUX ACTIONS

Les alternatives à l'investissement dans les entreprises industrielles habituelles existent. Ici, je vais énumérer trois des possibilités les plus intéressantes pour les investisseurs axé sur le revenu. Les trois ont des modèles de risque différents. Avant d'investir dans l'un d'eux, je vous recommande d'examiner le secteur de plus près. Dans l'addendum, je donnerai des liens qui fournissent de plus amples renseignements.

1. Que sont les REITs (*En France : FPI ou Fiducies de Placement Immobilier*) ?

Les REITs sont des entreprises qui gèrent des biens immobiliers, qu'elles possèdent habituellement. Étant donné qu'ils sont cotés en bourse, les investisseurs peuvent acquérir des actions dans ces REITs. En ce sens, en tant qu'investisseur, vous investissez dans l'immobilier sans avoir à en posséder vous-même. Le modèle d'affaires est très simple. Le REIT loue des locaux ou perçoit les loyers des propriétés. Elle distribue les revenus aux actionnaires sous forme de dividendes. En tant qu'investisseur, vous avez les revenus sans avoir à faire quoi que ce soit.

En règle générale, les REITs offrent des dividendes intéressants, dont les pourcentages seraient difficiles à atteindre si vous gériez les propriétés vous-même.

La plupart des REITs se spécialisent dans un secteur particulier du marché immobilier, mais certains REITs gèrent des portefeuilles largement diversifiés, avec des propriétés dans un large éventail de secteurs.

Une distinction est faite entre les REITs actions, qui investissent dans des centres commerciaux, des bâtiments résidentiels et des bâtiments commerciaux qu'ils sous-louent ensuite, et les REITs hypothèques. Les REITs hypothèques ne possèdent pas de biens immobiliers eux-mêmes. Ils accordent des prêts aux propriétaires fonciers et peuvent acheter des prêts existants. Ces entreprises font de l'argent avec les intérêts sur les prêts hypothécaires qu'elles prêtent à des propriétés résidentielles et commerciales. Les prêts hypothécaires qu'ils émettent ou achètent leur rapportent un taux d'intérêt plus élevé que le taux d'intérêt à court terme qu'ils paient pour financer leur propre entreprise. Cela leur permet d'augmenter leurs marges bénéficiaires et de verser des dividendes plus élevés.

Il existe des REITs dans les secteurs suivants :

- Hôtels
- Appartements
- Immeubles de bureaux
- Centres commerciaux
- Centres de données
- Infrastructure (câbles à fibre optique, lignes électriques)
- Zones forestières
- Entrepôts

Bien sûr, certaines conditions existent pour les REITs. Ils doivent investir au moins 75 % de leurs actifs totaux dans l'immobilier, en espèces ou en obligations américaines. De plus, ils doivent tirer 75 % de leur revenu brut des loyers fonciers, des intérêts hypothécaires pour financer la propriété ou des ventes de propriétés. Intéressant pour l'investisseur en revenu : Le REIT doit distribuer aux actionnaires au moins 90 % de son revenu imposable sous forme de dividendes. Les REITs sont donc des sociétés avec des dividendes intéressants. Les REITs peuvent être une contribution importante à votre accumulation de patrimoine.

Quelle est la différence entre un REIT et un fonds immobilier fermé ou ouvert ?

Si vous voulez vendre vos actions dans ces fonds, la direction doit les payer à partir de l'actif du fonds. Ce n'est généralement pas un problème, si vous êtes le seul qui veut vendre, et si la taille de vos parts est modeste. Mais si de nombreux investisseurs veulent vendre (comme lors de la crise financière de 2008), le fonds peut rapidement rencontrer des problèmes de liquidité, et doit commencer à vendre des propriétés de valeur, ce qui à son tour met une pression supplémentaire sur le marché. C'est exactement ce que nous avons vécu pendant la crise financière.

Si vous possédez des REITs, par contre, vous pouvez les vendre sur le marché boursier en quelques clics. Ensuite, un autre investisseur détient vos actions. Il faut savoir que les REITs ne sont pas sans risque. Lors de la crise de Corona, par exemple, les actions d'EPR Properties ont perdu 80% de leur valeur. EPR est une entreprise qui investit dans les parcs d'attractions, les théâtres et les stations de ski. Après leur fermeture pendant la crise de Corona, tous les investisseurs ont vendu leurs actions. Cependant, cela signifie que vous pourriez les racheter à des prix très bas.

2. Que sont les BDCs (Business Development Companies) ?

Les BDCs sont un autre groupe d'investissements alternatifs. Ces entreprises investissent dans les entreprises en démarrage et les petites et moyennes entreprises. Elles peuvent le faire avec des capitaux propres, de sorte que la BDC devienne copropriétaire, ou encore, elles prêtent de l'argent aux entreprises qui ne peuvent pas facilement se financer par des obligations ou des prêts bancaires.

De cette façon, elles remplissent une double fonction. Elles aident les petites entreprises à croître dès les premières étapes de leur développement. Lorsque les entreprises connaissent des difficultés, elles les aident à retrouver une base financière solide.

Puisque les BDCs sont cotées en bourse, tout investisseur peut en acheter. Cela vous donne l'occasion de participer au marché des prêts aux entreprises privées et du capital de risque, ce qui est habituellement très difficile pour les petits investisseurs. Pour éviter l'impôt sur le revenu, la plupart des BDCs choisissent la forme d'une société de placement réglementée (RIC). Cela est particulièrement important pour l'investisseur axé sur le revenu, car la conséquence de cette décision est que les BDCs doivent distribuer au moins 90 % de leur revenu imposable à leurs actionnaires. Le résultat est habituellement des rendements de dividendes élevés. Certaines BDCs génèrent des rendements de dividendes supérieurs à 10%. Cependant, comme toujours sur le marché boursier, un rendement élevé entraîne un risque accru, qui ne doit en aucun cas être ignoré. Tout comme certains REITs, les BDCs utilisent souvent l'effet de levier dans leur modèle d'affaires. Elles empruntent de l'argent elles-mêmes, pour le prêter aux entreprises dans lesquelles elles investissent. Vous devez garder à l'esprit que de nombreuses start-ups, ou de petites entreprises, peuvent se retrouver dans des difficultés financières plus rapidement que les entreprises établies sont susceptibles de le faire. Par conséquent, vous devez surveiller de près la politique des taux d'intérêt de la Réserve fédérale américaine (FED). Si la FED augmente les taux d'intérêt, le modèle d'affaires de la BDC peut causer des problèmes.

3. Que sont les ETFs de dividendes (Exchange Traded Funds) ?

La plupart des investisseurs qui connaissent le terme ETF (Exchange Traded Funds) l'associent à des indices comme le S&P 500. Cependant, il y a aussi des ETFs qui contiennent un panier d'actions de dividendes. Dès que les sociétés versent leurs dividendes aux fonds, il y a deux possibilités. Soit la direction de l'ETF peut distribuer le dividende aux actionnaires sous la forme d'un paiement en espèces, soit elle peut le réinvestir dans les actions détenues par le fonds.

Un ETF de dividendes est le moyen le plus facile d'investir dans des actions de dividendes. Par conséquent, je les recommanderais aux investisseurs qui n'ont ni le temps ni la possibilité de traiter avec des entreprises individuelles.

Étant donné qu'un ETF investit habituellement dans un large éventail d'actions de dividendes, il offre également un certain degré de protection, dans le cas où l'une des actions coupe ou même suspend le dividende. Les ETF de dividendes sont donc une excellente option pour les débutants qui n'ont pas le capital nécessaire pour diversifier largement leurs investissements eux-mêmes.

Bien sûr, vous n'obtenez pas ce «service» gratuitement, il est donc important d'examiner les frais de gestion du fonds. À mon avis, il ne devrait pas dépasser 0,5 % par année ; autrement, les frais auront un effet trop négatif sur votre rendement. Si le rendement annuel du fonds est élevé (plus de 3,5 %), j'examinerais de plus près le portefeuille. Une question que vous devriez vous poser est de savoir si la stratégie d'investissement de la direction est un peu trop risquée ici et là.

PARTIE 5 : COMBIEN DEVEZ-VOUS ÉPARGNER POUR ATTEINDRE VOTRE OBJECTIF FINANCIER ?

Pour répondre à cette question, il faut d'abord formuler un objectif. Comme on le sait, très peu de gens ont un objectif financier dans la vie. Pourquoi ? Pourquoi est-il si difficile d'imaginer quelque chose comme : «Dans dix ans, je voudrais gagner 1 000 € par mois de mes dividendes, sous la forme de revenu passif ?»

En fait, ce n'est pas du tout difficile. Cependant, quand il s'agit de finances, la plupart des gens hésitent à formuler un objectif concret pour eux-mêmes.

Pour illustrer cela, j'aimerais vous montrer comment vous pourriez y arriver, au moyen de quelques études de cas. Chacun d'entre nous est dans une situation différente. Nous sommes d'âges différents, avons des professions différentes avec des revenus différents et chacun d'entre nous a des habitudes de dépenses différentes. De plus, chacun a une idée différente des ressources financières dont il aura besoin lorsqu'il atteindra l'âge de la retraite.

Donc, il n'y a pas de formule générale. Il faudrait regarder des exemples concrets, pour avoir une idée de ce qu'il faut épargner. À titre indicatif, vous pouvez alors utiliser l'exemple qui vous convient le mieux.

Premièrement, nous devons déterminer les chiffres que nous voulons utiliser pour calculer nos objectifs. Il devrait être clair pour tous les lecteurs que, compte tenu de ces considérations, j'essaie de décrire des scénarios aussi réalistes que possible. Tout le monde sait que la réalité est habituellement différente. Vous devriez voir les trois calculs de modèle présentés ici comme des simulations, qui peuvent s'avérer meilleures ou pires.

Je suppose que les conditions suivantes s'appliquent à la phase d'accumulation :

- L'investisseur n'a pas de capital initial Il part de zéro, pour ainsi dire.

- Pendant la phase d'accumulation, il n'y a pas « d'heureuses surprises « comme les héritages, les opportunités d'affaires inattendues, etc.

- Depuis son introduction en 1926, le rendement annuel total moyen de l'indice S&P 500, dividendes compris, est de 9,8 %. Bien que nous sachions que nous atteindrions un rendement annuel total de 13,5 % si nous investissions dans les 100 titres les plus productifs du S&P 500, nous choisissons toujours 9,8 % comme objectif réaliste.

Dès que l'investisseur entre dans la phase de retrait, nous devons tout reconsidérer. Désormais, vous n'ajouterez plus d'argent frais au portefeuille. Par conséquent, la croissance doit être atteinte à 100 % grâce aux gains de prix et aux paiements de dividendes.

La règle classique du retrait de 4 % par an, qui est basée sur des études du conseiller financier William Bengen, stipule qu'un retraité peut continuer à vivre pendant au moins 33 ans jusqu'à épuisement de son capital. S'il dispose de 100 000 €, il peut retirer 4 000 € par an. S'il a besoin de 40 000 € par an, il aura besoin d'un portefeuille d'actions de 1 000 000 €. Dans ces calculs, on a tenu compte des baisses de marché les plus graves des années 1930 et 1970.

Le problème avec ce modèle, c'est que le pensionné consomme peu à peu son capital. Après une bonne trentaine d'années, il n'en reste presque plus. Par contre, si l'investisseur investit en actions de dividendes, il a un revenu stable. Au lieu de consommer le capital, il utilise le flux de dividendes pour financer ses frais de subsistance. De cette façon, il préserve le capital, qui peut continuer à croître.

Sur la base du rendement annuel nettement plus élevé de 13,5% sur les actions de dividendes, William Bengen a conclu que, lorsqu'on utilise le modèle des dividendes, les investisseurs pouvaient facilement choisir un retrait annuel de 5% sans que le capital ne devienne moins important.

Sur la base de ces chiffres, nous voulons maintenant examiner trois cas, pour voir combien il faut épargner pour atteindre son objectif financier.

Exemple 1 : Anita, assistante médicale, 51 ans

Anita est une assistante médicale qui vient d'avoir 51 ans. Son salaire est de 35 857 € par an. Elle sait qu'elle devra travailler jusqu'à l'âge de 66 ans, afin de ne pas avoir de décote dans sa retraite de la sécurité sociale. Par conséquent, elle doit encore travailler 15 ans. La prestation de retraite de la sécurité sociale sera 1 413 € en 2035. Bien que sa maison sera payée d'ici là, Anita comprend qu'elle ne sera pas en mesure de faire grand-chose avec 1 413 €. Elle aimerait avoir 500 € de plus par mois lorsqu'elle prendra sa retraite. Elle pense qu'elle aura besoin d'environ deux mille euros pour ne pas avoir à renoncer à voyager. Anita décide maintenant de mettre en place un plan d'épargne-dividendes, afin qu'elle puisse atteindre son objectif de «500 € de plus par mois dans 15 ans».

Quel devrait être le taux d'épargne d'Anita si elle veut atteindre son objectif de «500 € de plus par mois» ? De plus, à partir de 2035, elle veut recevoir cette somme supplémentaire mensuellement, sans avoir à consommer le capital disponible. Les conditions suivantes doivent donc être remplies :

- Anita doit conserver une action de capital qui rapporte 500 € par mois, ce qui signifie 6 000 € par an.

- Son capital devrait rester constant et elle devrait être en mesure d'augmenter ses 6 000 € de 2% par an, afin qu'elle puisse maintenir son pouvoir d'achat.

Anita a fait des recherches sur les dividendes et la croissance des dividendes. Elle comprend que sa période d'épargne de 15 ans n'est pas assez longue pour vraiment bénéficier de l'effet d'intérêt composé que la croissance des dividendes apporterait. Elle décide qu'elle préfère acheter des actions qui génèrent un rendement du dividende supérieur à la moyenne d'au moins 4 %. Elle choisit le marché américain parce qu'elle croit que c'est le marché où elle est le plus susceptible d'atteindre ses objectifs.

Son portefeuille d'actions devrait donc croître d'au moins 9,8 % par année. Elle comprend que, jusqu'en 2035, il y aura des années où le marché boursier augmentera et d'autres années où il chutera. Cependant, Anita a compris le principe de l'investissement axé sur le revenu, et à partir de maintenant, elle investira dans des actions de dividendes chaque mois, quelle que soit la performance du marché boursier dans son ensemble. Nous supposons qu'Anita ne sera pas plus performante que le marché, mais elle ne le sera pas non plus moins. C'est pourquoi nous calculons le taux d'épargne d'Anita en fonction de ce rendement annuel de 9,8 % de son portefeuille. Quel doit être le taux d'épargne d'Anita pour atteindre son objectif de «500 € de plus en 2035» ? Anita utilise un calculateur de régime d'épargne, puis un calculateur de retraite. Elle constate qu'elle atteindra son objectif si elle investit 340 € par mois à partir d'aujourd'hui. Nous allons faire un bref calcul.

La phase d'épargne d'Anita dure 15 ans. Après cette période, elle aura déposé un total de 61 200 € dans son compte de courtier. Après 15 ans, son dépôt aura augmenté à 134 367 € grâce au rendement annuel de 9.8%. C'est le montant qu'elle aura à sa disposition en 2035. À partir de ce moment, la phase de retrait commence. À partir de son compte de courtier, elle transfère annuellement 6 000 € dans son compte courant. C'est le montant dont elle a besoin pour financer ses voyages.

Ses actions de dividendes continuent de générer un rendement annuel de 5 %, même après le retrait de 6 000 €. Après un an, Anita constate que son capital n'a pas diminué, malgré le retrait de 6 000 €. En fait, il a légèrement augmenté. Le compteur s'élève maintenant à 134 923 €. Après cinq ans, le chiffre a augmenté à 137 438 €.

Anita comprend qu'elle peut retirer 2 % de plus chaque année pour maintenir le pouvoir d'achat de ses 500 €. Elle décide de retirer 2% de plus, soit un total de 6 120 €, l'année prochaine. Malgré cela, son portefeuille continue de croître d'année en année, un peu plus lentement, mais il continue de croître. Anita a atteint son but. Elle dispose de 6000 € de plus chaque année, avec lesquels elle peut faire deux ou trois beaux voyages, sans avoir à consommer son capital.

Exemple 2 : Michel, étudiant, 22 ans

Michel fait des études d'ingénieur et il lui reste deux ans avant d'obtenir son master. Michel a examiné les tables de retraite et s'est rendu compte que les données démographiques jouent contre lui. Il sait que lorsqu'il prendra sa retraite à 66 ans, il aura cotisé à la caisse de retraite pendant moins de 45 ans, parce qu'il ne commencera pas à travailler avant l'âge de 25 ans. Il décide de faire quelque chose pour sa retraite maintenant. Avec un petit emploi à temps partiel, il réussit à mettre de côté 100 € par mois, qu'il transfère à son compte de courtier d'une manière disciplinée. Si la démographie joue *contre* lui, se dit-il, la durée de la phase d'accumulation de 45 ans joue *pour* lui. Grâce à sa connaissance des mathématiques, Michel peut facilement calculer l'effet d'intérêt composé d'une phase d'accumulation de 45 ans.

Par souci de simplicité, nous supposons que Michel investit de la même façon qu'Anita. Le portefeuille de Michel augmente également de 9,8 % par année. Si nous supposons maintenant que Michel continuera à épargner 100 € par mois pour les 45 prochaines années, il aura épargné 908 734 € après 45 ans. Avec une croissance constante de son portefeuille de 9,8 %, Michel peut se réjouir de sa phase de retrait le cœur tranquille. Même s'il retire 3000 € par mois, après un an, il a toujours plus d'argent dans son compte de courtier, à savoir 917 196 €. En outre, Michel pourrait facilement ajouter 2 % chaque année sans avoir à vendre une seule part de son portefeuille.

Si Michel pouvait investir 500 € au lieu de 100 € dès qu'il commence à travailler, il pourrait prendre sa retraite à l'âge de 50 ans et retirer 2000 € de son compte de courtier chaque mois, sans épuiser son capital. S'il économise 1 000 € par mois, ce qu'il pourrait faire en tant qu'ingénieur, il pourrait prendre sa retraite à l'âge de 44 ans avec 2 000 € de dividendes par mois.

Exemple 3 : Matthieu, directeur commercial, 33 ans

Mon troisième exemple est Matthieu, marié, deux enfants et directeur commercial. Son salaire est de 63 555 €. Malgré cette bonne situation, Matthieu sait que sa retraite, qui ne commence pas avant 33 ans, ne sera pas généreuse. Selon les calculs actuels, il recevrait 2 800 €. Matthieu n'en est pas satisfait. D'ailleurs, il veut prendre sa retraite plus tôt. Il préférerait prendre sa retraite à 50 ans, afin de pouvoir se consacrer entièrement à son passe-temps de plongée sous-marine, pour lequel il a déjà fait de longs voyages dans les Caraïbes.

Il calcule qu'en plus de sa pension, il aura besoin de 3000 € supplémentaires par mois pour atteindre son objectif financier. Après avoir lu plusieurs livres boursiers, il conclut que le moyen le plus sûr et le plus efficace de constituer rapidement des actifs, ce sont les actions de dividendes. Pour retirer de son capital 3000 € par mois, soit 36 000 € par an, il a besoin de 750 000 € d'actifs. Combien Matthieu doit-il mettre de côté chaque mois à partir d'aujourd'hui pour atteindre son objectif ?

La réponse est 1 500 €. S'il économise 1 500 € par mois, ou 18 000 € par an, il aura épargné 306 000 € en 17 ans. Si nous prenons également la performance annuelle de 9,8% comme base, ses actifs augmenteraient à 754 447 €. Avec cette somme, il peut entrer dans la phase de retrait et quitter son emploi à l'âge de 50 ans. Matthieu sait qu'il devra se soumettre, lui et sa famille, à une discipline financière stricte pendant 17 ans. Lui et sa femme prennent la décision de ne pas construire une maison et de rester dans l'appartement relativement bon marché dans lequel ils vivent maintenant. Toutes les dettes restantes sont remboursées le plus rapidement possible, de sorte que les fonds disponibles le sont à des fins d'investissement. Toutes les dépenses inutiles sont radicalement réduites, ou complètement annulées. Et, en fin de compte, après 17 ans, Matthieu peut prendre sa retraite. Sa retraite de sécurité sociale est modeste, mais grâce à son portefeuille de dividendes, il dispose de 3000 € de plus chaque mois.

Ces trois exemples hypothétiques sont un peu artificiels, mais pas trop loin de la réalité. Bien sûr, il est impossible de faire des calculs exacts quant au montant que tout le monde doit vraiment investir pour posséder un certain montant d'actifs X à la fin. Le taux de croissance annuel de 9,8 % est purement statistique, ce qui ne représente qu'une moyenne à long terme.

Il est concevable, que l'un de nos trois investisseurs de dividendes aura besoin de plusieurs années de plus que prévu à la fin de sa phase d'accumulation, en raison d'une mauvaise performance boursière. Cependant, il est également concevable que le contraire soit vrai. Cela pourrait aussi se produire plus rapidement. Surtout si l'un d'eux a acheté pendant une phase «mauvaise» de marché boursier, c'est à dire à bas prix, et que les marchés boursiers commencent à augmenter fortement dans les années suivantes, comme ce fut le cas de 2009 à 2019. Ainsi, quelques dizaines de milliers de d'euros investis peuvent rapidement devenir des centaines de milliers.

Un autre aspect que j'ai ignoré ici est, bien sûr, les extras ou même un capital initial possible. Il est concevable que de temps à autre, de l'argent qui n'était pas prévu au départ soit débloqué. Il pourrait s'agir, par exemple, du paiement d'une police d'assurance. Il peut aussi s'agir de la vente d'une propriété ou d'un appartement, ou simplement d'un héritage. Si vous regardez votre propre vie, vous verrez qu'il y a toujours de tels événements heureux. Cependant, il y a un facteur de certitude dont nous devons tenir compte de toute façon, et qui n'a pas été pris en compte dans nos calculs jusqu'à maintenant : l'impôt. Nous aborderons cette question dans le dernier chapitre.

PARTIE 6 : ET ENFIN, LE FISC...

Quiconque envisage d'investir à long terme, est bien avisé de considérer la structure fiscale de ses investissements. Après tout, le fisc est l'un des plus grands tueurs de rendement, probablement plus grand que toutes les corrections du marché boursier qu'un investisseur connaîtra au cours de sa carrière d'investissement.

Comme les lecteurs du monde entier lisent mes livres, il est tout à fait impossible de décrire la situation fiscale exacte de chaque pays. En outre, les politiciens aiment tourner la vis de l'impôt quand ils ont besoin d'argent pour garder un groupe d'électeurs silencieux. Ce qui s'applique à l'imposition des dividendes dans votre pays aujourd'hui, pourrait être caduque demain. Néanmoins, nous pouvons faire des déclarations générales concernant l'imposition des dividendes, qui s'applique à la plupart des pays.

A. Pour les citoyens américains

À l'heure actuelle (avril 2020), les dividendes admissibles sont exonérés d'impôt pour les particuliers dans les tranches d'imposition de 10 % et 12 % (ou ceux qui gagnent moins de 39 375 USD par année). Toutefois, pour les contribuables des tranches d'imposition de 22 %, 24 %, 32 %et 35 %, les dividendes reçoivent un taux d'imposition de 15 %. Pour les particuliers dont le revenu dépasse 434 500 USD (soit la tranche d'imposition de 35 % ou de 37 %), les dividendes sont imposés à un taux de 20 %.

B. Pour les citoyens non américains

Si, en tant que citoyen non américain, vous envisagez de remplir votre portefeuille principalement avec des actions américaines, vous devriez être au courant de ce qu'on appelle la retenue d'impôt américaine. Il s'agit d'un impôt sur les dividendes qui est déduit au lieu d'origine ou de provenance. Aux États-Unis, le taux d'imposition est actuellement de 30 %. Cependant, il existe entre la plupart des pays un accord de double imposition (ATD). Cet accord existe pour éviter d'être imposé deux fois. Par conséquent, si vous avez déjà payé 30% d'impôt aux États-Unis, vous n'avez pas à payer un autre impôt de 25% en Allemagne, par exemple.

Dans cet accord, il a été convenu que la retenue d'impôt des États-Unis serait réduite de 30 % à 15 %. Ce qui est alors également créditable sur la retenue d'impôt finale que vous devez payer en Allemagne ou en France. Pour bénéficier d'un taux d'imposition réduit, vous devez remplir le formulaire W-8BEN (Certificate of Foreign Status of Beneficial Owner for United States Tax Withholding and Reporting) avec votre courtier. Si la banque dépositaire de votre courtier a le statut d'intermédiaire qualifié auprès des autorités fiscales américaines, seul le taux réduit, soit 15 %, sera retenu.

Quelle que soit la situation dans votre pays, au-delà d'une certaine taille d'actifs fixes (disons 100.000 € ou plus), je pense qu'il est logique de penser à la façon d'optimiser vos investissements en termes fiscaux. Une chose est certaine : si vous prévoyez de mettre le compte de courtier à votre nom personnel, vous vous retrouverez dans la pire situation fiscale possible. Une bonne partie de votre retour va à l'État.

Il est donc préférable de gérer vos investissements par l'intermédiaire d'une société. Si cela peut rebuter certains lecteurs, vous devez voir les choses de cette façon. Si vous êtes sérieux au sujet de votre liberté financière, vous devriez explorer tous les moyens imaginables (et légaux) pour atteindre votre objectif plus rapidement et plus efficacement. Tant que vous gérez vos finances et votre régime de retraite en tant que particulier, vous êtes un amateur, à mes yeux. Vous n'avez donc pas encore compris l'effet négatif des impôts.

Comme le souligne à juste titre et à maintes reprises Robert Kiyosaki : « Les lois fiscales ne sont pas faites pour les petits et les «classes moyennes» (quelles que soient les prétentions des partis politiques). Elles sont faites pour les entreprises. Les entrepreneurs et les « riches » savent quelque chose que les petites gens et la « classe moyenne » ne savent pas. Ils comprennent le pouvoir de la forme juridique des entreprises et comment faire en sorte que l'argent travaille pour eux, au lieu de travailler pour l'argent comme le fait la classe moyenne.

Addendum : des sites intéressants pour les investisseurs

Dividendes et actualités boursières en général

https://seekingalpha.com/

https://www.dividend.com/

https://www.fool.com/

Filtre de action pour les actions américains

https://finviz.com/screener.ashx

Calculateur d'intérêts composés

https://www.investor.gov/financial-tools-calculators/
calculators/compound-interest-calculator

Blogger dividendes

https://www.mrfreeat33.com/

https://www.thedividendguyblog.com/

https://www.dividend-growth-actions.com/

https://www.tawcan.com/

https://divgro.blogspot.com/

https://www.dividendgrowthinvestor.com/

Sites de comparaison des courtiers

https://www.actionbrokers.com/compare

https://www.fool.com/the-ascent/buying-actions/

Glossaire

Aristocrate du dividende : action qui a augmenté son dividende pendant 25 années consécutives ou plus et qui figurent sur la liste du célèbre indice S&P 500

Assurance-dépôts : mesure de protection légale destinée à protéger les créanciers des établissements de crédit contre la perte de leurs soldes bancaires en cas de crise bancaire

BCE : Banque Centrale Européenne, située à Francfort-sur-le-Main, en Allemagne

BDC : société d'investissement aux États-Unis qui investit dans les petites et moyennes entreprises

Biens de consommation : produits fabriqués en vue d'être vendus en l'état à son consommateur

Biens de consommation courante : biens de consommation dont la fréquence d'achat est élevée : produits alimentaires, vêtements, articles d'entretien…

Blue Chip : valeur de premier ordre

Broker (en français courtier) : prestataire financier chargé de l'exécution des ordres titres

Compte Broker : compte titres, lieu où un investisseur gère ses titres

Compte distinct : compte géré séparément des actifs de la société d'investissement, au nom de l'investisseur

Courtier (en anglais broker) : prestataire financier chargé de l'exécution des ordres titres

Courtier en ligne : courtier qui offre des services exclusivement en ligne

Coûts de transaction : coûts engagés dans le cadre des transaction boursières

Croissance du dividende : augmentation régulière du dividende sur une certaine période

Date du dividende : jour aux États-Unis où le dividende est effectivement versé

Décote de dividende : décote du cours boursier sur le montant du dividende brut

Dividendes accumulés : total de tous les dividendes distribués

DRIP (en français RRD) : le programme DRIP achète automatiquement des actions supplémentaires de cette société avec les dividendes

DTA : convention entre deux pays pour éviter la double imposition

Effet des intérêts composés : intérêt ajouté au capital et versé à l'avenir, au taux d'intérêt applicable, ainsi que le capital

Effet Lindy : probabilité qu'un produit qui existe depuis cent ans existera toujours dans les cent prochaines années

ETF (en français FNB) : fonds négocié en bourse qui sélectionnent les actions en fonction des dividendes versés par les sociétés et distribués aux actionnaires

Cash-flow: mouvements de liquidités entrants et sortants d'une entreprise sur une période donnée

FNB (en anglais ETF) de dividendes : fonds négocié en bourse qui sélectionne les actions en fonction des dividendes versés par les sociétés et distribués aux actionnaires

Fondamentaux : chiffres clés d'une entreprise

FPI (en anglais REIT) : société d'investissement qui possède et exploite des biens immobiliers et génère des revenus de la gestion de ses actifs immobiliers

FPI hypothécaire : société d'investissement spécialisée dans le financement de biens immobiliers générateurs de revenus en achetant ou en accordant des prêts hypothécaires et des titres adossés à des créances hypothécaires et en générant des revenus d'intérêt sur ces placements

Fraction d'actions : partie d'une action inférieure à une unité

Intérêt simple : calcul des intérêts dans lequel les intérêts ne sont pas inclus dans la période subséquente respective; il n'y a donc pas d'effet d'intérêt composé

ISIN (International Securities Identification Number) : combinaison lettre-numéro à douze chiffres qui permet d'identifier les titres négociés en bourse

Liste de surveillance : cotation des titres dont un investisseur souhaite tenir à jour le développement

Moyenne arithmétique : valeur moyenne obtenue en divisant la somme des nombres considérés par leur nombre

Moyenne du coût en dollars : effet de l'investissement régulier de montants constants dans des titres à différents prix

Permis de courtier : permis de négociation qui légitime un courtier pour son activité

Roi du dividende : action dont le dividende a augmenté pendant cinquante années consécutives ou plus

RRD (en anglais DRIP) : le programme RRD achète automatiquement des actions supplémentaires de cette société avec les dividendes

Rendement du dividende : le taux de rendement de l'action

Payeurs mensuels : sociétés qui versent un dividende chaque mois

Phase de retrait : période pendant laquelle un solde créditeur est progressivement versé à l'investisseur

Portefeuille d'actions : total des actifs d'un investisseur

Ratio des actionnaires : proportion des actionnaires dans la population totale

REIT (en français FPI) : société d'investissement qui possède et exploite des biens immobiliers et génère des revenus de la gestion de ses actifs immobiliers

Retenue à la source : dénomination d'un impôt prélevé directement à la «source» d'où proviennent les revenus

RIC : société d'investissement règlementée qui ne paie pas d'impôt sur son revenu

Taux de distribution : rapport entre le montant total des dividendes versés aux actionnaires et le bénéfice net de l'entreprise

Taux d'épargne : désigne une somme d'argent qu'un investisseur verse régulièrement dans un investissement

W-8BEN Form : attestation du statut du bénéficiaire effectif de la retenue d'impôt US

Plus de livres par Heikin Ashi Trader

Comment trader dans un range

Négociez sur le marché le plus intéressant du monde

Les marchés financiers négocient essentiellement dans des zones sans tendance que les traders appellent des ranges, ou des marchés latéraux. Il apparaît dès lors qu'ils gagnent de l'argent lorsqu'un marché est en tendance tandis qu'il est préférable d'éviter les marchés sans tendance, dont les résultats ne sont guère inspirants.

En dépit de cette observation manifeste, la plupart des statégies de trading à court terme reposent sur ce modèle de suivi de tendance, pourtant manifestement complexe à mettre en œuvre. La plupart des traders sont plus ou moins dans l'attente d'un plus grand mouvement. L'expérience démontre cependant que la négociation de « mouvements » ou de « tendances » est loin d'être chose aisée. Soit le trader identifie la tendance trop tardivement, soit le mouvement n'offre que peu d'oppirtunités d'entrée.

Cela dit, il existe un groupe spécialisé de traders qui ne se préoccupent pas des tendances. Ils font d'ailleurs l'exact opposé. Ils négocient lorsque le marché est en range. Ce livre décrit les méthodes et les tactiques de ces traders. Il ne s'agit pas ici d'identifier un range et d'en négocier la cassure : il s'agit de négocier le range lui-même.

Table des matières

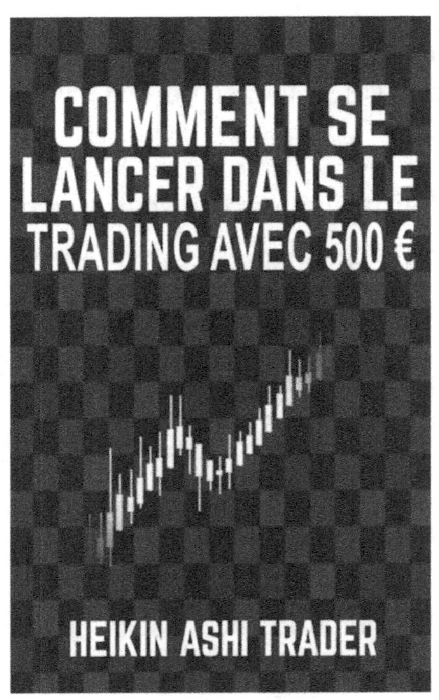

Comment se lancer dans le trading avec 500 €

Beaucoup de nouveaux traders n'ont que très peu de capitaux disponibles dès le départ, mais ce n'est toutefois pas un obstacle à une carrière dans le trading. Cependant, ce livre ne décrit pas comment transformer un compte de 500 € en 500 000 €, car ce sont précisément ces espoirs exagérés concernant les rendements futurs qui amènent la plupart

des débutants à échouer.

Au lieu de cela, l'auteur montre, de manière réaliste, comment vous pouvez devenir un trader à temps plein en dépit d'un capital de démarrage limité. Cela s'applique à la fois aux traders souhaitant rester privés, ainsi qu'à ceux qui veulent éventuellement investir les fonds de leurs clients.

Ce livre montre étape par étape comment le faire avec un plan d'action concret pour chaque étape. N'importe qui peut en principe être trader, si il ou elle est prêt à apprendre comment cette activité fonctionne.

Sommaire

1. Comment devenir un bon trader avec 500 € en poche ?

2. Comment acquérir les bonnes habitudes en trading ?

3. Comment devenir un trader discipliné

4. Le conte de fée des intérêts composés

5. Comment investir avec un compte à 500 € ?

6. Le Trading Social

7. Parlez à votre courtier

8. Comment devenir un trader professionnel ?

9. Faire du trading pour un fond d'investissement

10. Apprenez à créer votre réseau professionnel

11. Devenez un trader professionnel en 7 étapes

12. 500 € représente beaucoup d'argent

Trader à contre-tendance

L'industrie du courtage recommande généralement aux nouveaux traders de spéculer avec la tendance. Mais est-ce vraiment rentable de faire du trading de cette façon? Il paraît qu'en suivant la tendance, la probabilité de gagner est plus grande. Malheureusement, l'expérience prouve que la plupart des traders ne peuvent pas faire des affaires florissantes ainsi.

Les vieux traders affûtés avaient l'habitude de dire: « Vous devez acheter quand le sang coule dans les rues. » Cela signifie que vous deviez agir contre la tendance. En réalité, ce dicton est l'expression-même du bon sens. La question est récurrente :

pourquoi les traders ont-ils tant de mal à le mettre en pratique?

Le nouveau livre de Heikin Ashi Trader vous donnera des idées et conseils sur la manière de reconnaître de tels signaux de contre-tendance sur le marché boursier, ceux-ci constituant généralement les meilleures opportunités de trading.

Table des matières

Partie 1 : Stratégie de relance des échanges

À propos de l'auteur

Heikin Ashi Trader est le pseudonyme d'un trader ayant plus de 19 ans d'expérience dans le Day Trading sur les Futures et le marché des changes. Il se spécialise dans le Scalping et le Day Trading rapide. Il a également publié de nombreux livres éducatifs sur ses activités de trading. Les sujets les plus populaires sont : le Scalping, le Swing Trading, la gestion de l'argent et des risques.